LETTRES

SUR

LA LISTE CIVILE,

ET

SUR L'APANAGE;

Suivies d'un Mot sur le pamphlet de police intitulé :
LA LISTE CIVILE DÉVOILÉE.

PAR

M. DE CORMENIN.

M. DE CORMENIN, le plus fécond, le plus varié, le plus piquant et le plus populaire des écrivains politiques de notre temps. (ARMAND CARREL.)

19e Edition.

Paris,

PAGNERRE, EDITEUR,
RUE DE SEINE, 14 *bis.*

1837.

LETTRES

SUR

LA LISTE CIVILE.

AVIS DE L'ÉDITEUR.

Nous qui sommes bonnes gens et qui avons pitié des cerveaux notablement fêlés, nous est avis que M. H. Fonfrède, scribe de la Cour et natif de Bordeaux, dont la folie furieuse va chaque jour augmentant, soit remis par ses père et mère, avec toutes les précautions d'usage, entre les mains du directeur des Petites-Maisons; qu'on le garde à vue, qu'on le tienne à la diète la plus sévère et qu'il lui soit administré bains, douches, grains d'ellébore et autres médicaments, jusqu'à ce que guérison s'en suive, si possible, et surtout qu'il ne soit fait aucun mal à ce pauvre homme qui est, en effet, bien à plaindre pour avoir écrit les dénonciations, délations, provocations, ridiculités et menues atrocités qu'on va lire, lesquels dénotent assurément un bien bon cœur, mais aussi une tête tout à fait en désordre, comme nous allons mettre le public à même d'en juger.

« Je le déclare, l'un des plus grands crimes politiques qu'on ait jamais commis contre l'existence du peuple, contre la prospérité du peuple, contre la subsistance du peuple, ce sont les Lettres de M. Cormenin sur la liste civile et sur les dotations royales. M. de Cormenin a semé plus de ruines, plus de misères, plus de souffrances, plus de famine dans les foyers du pauvre peuple, que dix ans de guerre et de calamité n'auraient pu le faire. A défaut de la justice humaine qui lui a laissé accomplir impunément cette œuvre d'iniquité, je lui prédis qu'un jour il surgira dans son âme quelque grand remords de son égarement, et qu'il déplorera avec amertume tout le mal qu'il a fait! »

HENRI FONFRÈDE.

Journal de Paris, du 31 mars 1837.

LETTRES

SUR

LA LISTE CIVILE

ET

SUR L'APANAGE,

Suivies d'un Mot sur le pamphlet de police intitulé :

LA LISTE CIVILE DÉVOILÉE.

PAR

M. de Cormenin.

> M. DE CORMENIN, le plus fécond, le plus varié, le plus piquant et le plus populaire des écrivains politiques de notre temps.
>
> Armand CARREL.

19e ÉDITION.

PARIS,

PAGNERRE, EDITEUR,

RUE DE SEINE, 14 *bis*.

1837.

LETTRES

SUR

LA LISTE CIVILE.

(Première.)

— 1832 —

La loi sur l'organisation de la pairie a terminé la révolution sociale de l'égalité; la loi sur la liste civile va dresser le bilan de la royauté de juillet.

J'ai porté les premiers coups à l'hérédité de la pairie; si je pouvais ébrécher la liste civile!

J'ai plaidé pour la souveraineté du peuple; si je défendais l'argent de ses sueurs contre la rapacité des gens de cour!

Mais, me dira-t-on, vous vous hâtez bien de nous faire part de vos réflexions; ne pourriez-vous les produire à la tribune?

Moi, que j'aille brûler un encens de cour dans les cassolettes du pouvoir! Que je débite, en larmoyant, des homélies sentimentales sur la pauvreté de Louis-Philippe, et sur le malheur de gouverner malgré soi la première nation du monde ! Que je me hasarde à balbutier le mot d'économie qui sent la petite âme, devant les magnifiques représentants de la nation, habitués à ne compter que par milliards ! Que je me condamne à subir les murmures serviles de quelques flatteurs ! Non, je n'ai pas cette fantaisie-là. Est-ce qu'on peut monter sans effroi à cette tribune de vérité, où chaque orateur, tout en assurant qu'il va se faire voir, se déshabiller, se mettre à nu, ne dit cependant jamais que la moitié de ce qu'il veut, de ce qu'il sait, de ce qu'il pense? Est-ce qu'on peut, comme il le faudrait, délibérer une liste civile dans une chambre qui renferme plus de cent fonctionnaires élus par la royauté qu'il s'agit de doter? Est-ce que plus vous chargerez de mets la table du festin, plus vous ne rencontrerez pas de parasites qui voudront s'y asseoir? Est-ce qu'avant que les orateurs ministériels ne les aient vociférés à la tribune, colportés dans les rues de Paris et affichés sur les murs des trente-huit mille communes du royaume, je ne pourrais pas répéter tout ce que contiendront leurs superbes discours? Est-ce que je n'ai pas pénétré les secrets de leurs royaux attendrissements? Est-ce que je ne sais pas d'avance et par cœur toutes leurs pensées?

A peine aurai-je articulé le mot impertinent de réduction, qu'il me semble déjà les entendre crier : A l'ordre! C'est un factieux. — Comment factieux? — Oui, c'est un fac tieux. Il veut des économies. Point d'économies! L'économie ruine les états. Qui donc achèvera le Louvre que n'a pu terminer Napoléon, maître de l'Europe, avec tous ses trésors, si ce n'est le roi! Qui éclipsera, pour la félicité de la France, le luxe insignifiant des empereurs d'Autriche et de Russie, et qui nous fera une belle petite monarchie? Qui fera fleurir les arts dont l'éclat n'a jamais brillé plus vif que sous la république, avec les David, les Drouais, les Gros, les Girodet, les Gérard? Qui meublera, avec quelques valets courant les uns après les autres, les vastes galeries de Versailles et de Fontainebleau? Qui fera retentir des sons du cor et de l'aboiement des meutes, les hauts chênes de Sénart et la forêt séculaire de Compiègne? Qui soutiendra les théâtres où le public ne va plus? Qui donnera de la gloire à la France, des bals aux marchands, du goût aux artistes, de l'inspiration aux poètes, du talent aux acteurs et de l'esprit aux sots? Qui fera produire aux bois de la couronne le double de leurs revenus, en recepant les tirés, en rapprochant les coupes et en abattant les futaies? Qui obtiendra, pour le plus grand encouragement de l'industrie, le monopole des porcelaines blanches, peintes et dorées, des tapis de cachemire et des médailles? Qui nous procurera le bonheur ineffable de voir, pour la modique somme de quarante mille écus par an, des juments françaises disputer, aux étalons de l'Angleterre, le prix de mille écus dans les courses du Champ-de-Mars? Qui fera corriger les plats dessins de Lenôtre, et arrondir par M. Fontaine cette ligne trop courte, trop droite, qui conduisait le public de la rue de Rivoli au Pont-Royal? Qui donnera à dîner aux officiers de la garde nationale, lesquels pourraient tout aussi bien aller dîner chez eux que les simples soldats, leurs camarades et leurs égaux? Qui accordera des pensions à ceux à qui les lois en refusent? Qui soulagera la misère des pauvres avec l'argent des pauvres? Qui représentera la dignité et la richesse de cette humble, de cette indigente France? Qui entretiendra dans un bel état de réparation ces villes de pierre qu'on appelle châteaux, et dont la toiture couvrirait quarante-deux arpents? Qui pourrait loger somptueusement tant de princes et de princesses, à chacun desquels il faut au moins un palais de ville et un palais des champs? Enfin, qui continuera à récompenser, à préférer à tous autres, les hommes de juillet, de qui seuls il tient sa couronne, si ce n'est le roi?

Et puis, c'est un si excellent prince! Il a

fait un si prodigieux sacrifice en acceptant la plus belle couronne de l'univers! Il est si reconnaissant! Il est si prévoyant! Il est si désintéressé! Il est si économe! Il a un goût des arts si parfait! Il a tant d'intelligence pour la bâtisse! Et vous regardez à quelques millions de plus ou de moins! Le peuple s'embarrasse bien vraiment, de payer de nouveaux centimes additionnels pour son généreux, pour son puissant roi, qui allége les impôts, qui fait prospérer le commerce, qui dicte ses volontés aux cabinets de l'Europe! Ah! le séditieux, qui refuse si méchamment de voter une grosse liste civile! A bas le puritain! à bas le vandale! A l'ordre, à l'ordre!

Quand ces Messieurs auront cessé de crier, j'espère qu'il me sera permis de leur répondre. Ils ne pourront se plaindre, du moins, que j'aie oublié un seul de leurs arguments, et puisque cela leur fait plaisir, je vais les reprendre et les réfuter.

« Il faut, dit-on, que la royauté soit forte pour être respectée, et pour être forte, elle doit être riche. »

Je ne croyais pas, je l'avouerai, que les nécessités d'une grosse liste civile fussent entrées pour rien dans les déterminations des vainqueurs des barricades. Ils ne virent dans la royauté que l'unité du pouvoir. Ils prirent Louis-Philippe par les raisons que voici :

Il était là, et dans les révolutions qui vont vite, ce qu'il faut et ce qui réussit, c'est un prétendant tout trouvé.

Il avait une lignée de fils jeunes et brillants; gage de paix publique, l'hérédité rassurait contre l'ambition des tiers.

Par les souvenirs de son père, par les combats de sa jeunesse, par son opposition sous Charles X, par les couleurs de sa cocarde, par sa proche parenté, le duc d'Orléans était à l'égard des Bourbons plus usurpateur que qui que ce fût, et par conséquent, il paraissait plus que personne l'œuvre du peuple souverain de qui relève l'empire et de qui viennent les couronnes.

Le chef des Parisiens insurgés avait préféré le duc d'Orléans à tout autre, et le peuple de l'Hôtel-de-Ville suivait les préférences de Lafayette.

Possesseur d'une immense fortune, régulier dans ses mœurs, simple dans ses manières, affable, économe, populaire, Louis-Philippe disait et l'on croyait qu'il serait un roi sans cour, un roi bourgeois, un roi citoyen.

De quel étonnement le peuple n'a-t-il pas été frappé, lorsqu'au bout de quelques jours d'un règne orageux, lorsqu'au sein d'une effroyable misère, on a vu tout à coup les conseillers de notre roi sans cour, de notre roi bourgeois, de notre roi-citoyen, demander, par distraction sans doute, une énorme, une monstrueuse, une incompréhensible liste civile de *dix-huit millions!*

Sa stupeur fut d'autant plus grande, qu'il y avait eu de bonnes gens qui s'étaient imaginé qu'un roi bourgeois, riche de 5 millions de rente, pourrait, à toute force, se passer de liste civile.

Il y avait bien un fonds de vérité dans les raisonnements de ces bonnes gens-là, lorsqu'ils disaient : Plus de la moitié de la fortune actuelle du duc d'Orléans lui vient de la nation ; car les florissants apanages dont il jouit sont un démembrement des propriétés de l'état ; le voilà donc déjà richement doté par la nation !

D'ailleurs, on nous a promis un gouvernement à bon marché. Or, figurez-vous une liste civile de 18 millions qui s'avance en tête d'un gouvernement à bon marché !

Mais le roi est si désintéressé ! — C'est pour cela qu'il ne doit pas nous demander tant.

Mais il est si économe ! — C'est pour cela qu'il doit faire son service à meilleur compte.

Mais il a personnellement si peu de besoins ! — C'est pour cela qu'il doit laisser davantage au peuple qui en a beaucoup.

« Comment ! » diront les orateurs ministériels, « vous ne pensez pas qu'il est néces

« saire, pour le bonheur, pour la dignité du « pays, que la liste civile du roi des Français « surpasse en grosseur, en monstruosité, celle « du roi d'Angleterre, de Bavière, etc.? »

Je répondrai d'abord, que l'Angleterre est un royaume féodal, tandis que la France est un royaume républicain; qu'en Angleterre, le peuple sert le roi à genoux, tandis qu'en France on a vu des rois aux genoux du peuple; que le roi d'Angleterre, le roi Guillaume, s'appelle un roi gentilhomme, tandis que le roi des Français, le roi Louis-Philippe, s'intitule le roi-citoyen; que le roi d'Angleterre a besoin d'éclat pour lutter avec les fortunes incommensurables de l'aristocratie, tandis que le roi des Français écraserait, par l'énormité de sa seule fortune personnelle, le plus opulent des citoyens; que les revenus royaux, casuels et héréditaires du roi d'Angleterre sont absorbés par des pensions et des dépenses publiques, et que sa liste civile a été réduite par le parlement, au mois d'avril 1831, à 12,951,750 fr., tandis que la liste civile du oi des Français se trouverait déchargée

1° De 1,875,000 fr. de pensions qui grèvent celle d'Angleterre;

2° De 2,218,600 fr. d'emplois et offices supprimés;

3° De 507,500 f. affectés aux honoraires du grand chambellan, du grand maître de la garde-robe, du grand écuyer et du vice-chambellan, pages du tabouret et gentilshommes de la chambre; tandis que nous avons lieu de croire, d'espérer du moins, que nous n'aurons plus au service du roi-citoyen, ni grands chambellans, ni grands écuyers, ni grands maîtres de la garde-robe, ni pages du tabouret, ni gentilshommes de la chambre;

4° Enfin de la différence du cinquième en moins sur la valeur des denrées, fournitures et traitements de l'Angleterre, comparée à la valeur des denrées, fournitures et traitements de France, ou 1,470,130 fr.

Maintenant additionnez les réductions, rapprochez les deux listes civiles, et vous verrez que S. M. Louis-Philippe, roi des Français, peut tenir tout juste le même état de maison, avec moins de dépense encore que Guillaume IV, entouré de ses hauts et bas-officiers, pour la somme de 6,880,520 fr.

Les courtisans vont jeter les hauts cris, mais voilà la vérité. Avec quelques 6 millions, un roi bourgeois peut faire la même figure qu'un roi gentilhomme.

Si les petites royautés de la Bavière, de la Hesse et autres, ont des listes civiles trop grosses, je les plains; et parce que les Bavarois ou les Hessois auront fait une sottise, ce n'est pas une raison pour les imiter. Il ne faut pas d'ailleurs perdre de vue que l'excès de leur liste civile est le résultat d'une transaction de ces rois avec leurs peuples, lorsqu'ils ont passé, comme Louis XVI, de l'état absolu à l'état constitutionnel. Les peuples se sont rédimés, à beaux deniers, de leur servitude, sauf à compter plus tard. Mais le peuple français ne doit pas sa liberté, que je sache, à Louis-Philippe, et Louis-Philippe, que je sache, au contraire, doit sa couronne au peuple français, et il me semble que le peuple souverain a déjà donné bien assez, sans que, par dessus le marché, on lui demande encore le reste de son argent.

Des rois absolus, nous n'en parlerons pas; ils n'ont rien, car ils ont tout; de Charles X, il était si bien mangé qu'il ne lui restait que les os; de Napoléon empereur, il disposait des rois et des trésors de l'Europe; nous n'en sommes pas encore là; de Bonaparte premier consul, voyons : il n'y a qu'un pas, en effet, d'un premier consul à un roi-citoyen.

Quand le jeune vainqueur de l'Italie, quand le fabuleux conquérant de l'Egypte, quand le pacificateur de la Vendée vint siéger sur le trône consulaire, voulez-vous savoir combien nous coûtaient les trois consuls, traitements, frais de table et de maison réunis? *Un million cinquante mille francs.*

Alors on ne demandait pas au peuple français 1,200,000 francs, seulement pour échauffer les fourneaux souterrains de la Bouche. Alors nous ne nous traînions pas misérablement, à deux genoux et les mains jointes, devant la fustigation d'un protocole. Alors nous ne nous inquiétions pas de savoir par où les troupes de la Savoie et de Turin pourraient faire irruption sur notre territoire, car nous étions les maîtres de Turin et de la Savoie. Alors nous ne nous retirions pas du bord de nos frontières pour ne pas faire de la peine aux Prussiens, et du sein de la Belgique pour ne pas effaroucher le roi de Hollande; car tous les départements de la rive gauche du Rhin et la Belgique étaient à nous. Alors on ne pouvait pas même dire que nous fussions en république, et que nous sommes en monarchie; car nous avons aujourd'hui les deux institutions qui approchent le plus de la république, savoir : la publicité de la tribune et la liberté de la presse.

Ainsi, pour résumer, Louis-Philippe a un revenu personnel aussi grand, à moins de deux tiers près, que la liste civile du roi d'Angleterre, qui règne en Europe et en Asie sur 80 millions de sujets; quarante fois plus grand que le traitement du président des État-Unis qui étend sur l'Océan et sur la moitié d'un monde les bras de sa gigantesque nation, et douze fois plus grand que celui de Bonaparte premier consul, lorsque l'Europe sa taisait d'admiration et de crainte, devant la France puissante, glorieuse et pacifiée.

« Vous ne nierez pas du moins, » me dira-t-on, « que la liste civile ne doive être une « caisse de prévoyance, un lieu d'asile, une « bourse pour les pauvres, une succursale « de la Providence. »

Vraiment, la liste civile serait tout cela? Hélas! oui, si nous en croyons certaines gens qui paradent autour des Tuileries, et qui disent d'un ton de bonhomie : Donnez, donnez toujours; cet argent-là, auquel vous paraissez tant tenir, on ne sait pourquoi, ne retombe-t-il pas en rosée sur les misérables? Qui n'aurait pitié de leurs souffrances? Ne doit-on pas tout faire pour ce pauvre peuple? O courtisans, que vous avez l'âme tendre! quoi! rien pour vous?

Ne dirait-on pas qu'il y a, dans quelque coin des Tuileries, une corne d'abondance d'où s'échappent toutes seules les largesses du prince? Mais qui verse l'argent dans la corne? Le trésor. Qui alimente surtout le trésor? N'est-ce pas les cotes directes et indirectes des ouvriers, des laboureurs, des petits contribuables? C'est donc le peuple, en définitive, qui paie la liste civile, le menu peuple.

Chose curieuse! ce sont les gens portant bas de laine, bijoux de chrysocale et gants de poil de lapin, qui versent aux mains du roi une portion de leur nécessaire, pour que le roi, à son tour, enrichisse des marchands de martre zibeline, de cachemires, d'émeraudes et de perles orientales.

Mais supposez que tout cet argent revienne directement dans leurs mains, à quoi bon l'en ôter, pour l'y remettre? Y revient-il d'ailleurs? Mais non. En vérité, c'est comme si l'on disait à un indigent : Donnez-moi un sou; bien! maintenant, tendez l'autre main, voici un liard. Où vont donc les autres trois liards? Parbleu, ils restent dans les doigts du prince et des courtisans à travers lesquels ils passent.

C'est énorme, n'est-ce pas, que de donner aux pauvres, aux incendiés et aux inondés, 1,000 fr. le lundi, 1,000 fr. le mardi, et autant le mercredi, et autant le jeudi, le vendredi, le samedi et le dimanche, et autant chaque semaine, et autant chaque mois? Eh bien, vous croyez, en voyant ce détail, que cet argent-là monte à des millions! Ce n'est cependant, jour par jour, que 365,000 fr. dans une année. Doublez la somme, ce ne sera que 730,000 fr. A-t-on donné, donne-t-on, et donnera-t-on, pendant toute la durée du règne, 2,000 fr. par jour? Je n'ai pas besoin de vérifier le livre de caisse, pour affirmer que cela n'est pas, que cela est impossible, et que, quand cela serait, on ne distribuerait après tout, au maximum, au grand complet, que 730,000 francs. Or, 730,000 fr., ce n'est pas là un million, plusieurs millions. Demander aux pauvres qu'ils vous donnent de quoi leur faire l'aumône;

leur prendre un sou pour leur rendre un liard; secourir les misérables avec ce qu'on soutire aux misérables, voilà les rares et sublimes inventions de nos charlatans d'économie!

Mais, dites-vous, le roi se fera bénir; il est si bienfaisant! Bienfaisant avec notre argent! vous vous moquez. Est-ce que je bénis la bienfaisance du ministre de l'intérieur, lorsqu'il m'accorde un secours sur les fonds de secours du budget? Quand ne serons-nous donc plus dupes des mots? Je suis bienfaisant, lorsque je travaille, que j'économise, et que je distribue aux pauvres le superflu de mes épargnes; mais si je reçois de l'argent pour le donner, et que je le donne, je ne suis pas bienfaisant. La question se réduit donc à savoir si le prince sera un distributeur plus intelligent de ce fonds de l'état que le ministre. Or, c'est ce que je nie.

Car le ministre rend des comptes, le ministre est responsable, le ministre n'a pas autour de lui des historiographes et des poètes lauréats, des confidents et des maîtresses, des chambellans et des valets qui, jour et nuit, chantent en chœur sa bienfaisance pour la mettre à contribution.

Combien, je vous prie, y avait-il de libéraux malheureux, inscrits sur le grand-livre des pensions de Charles X qui montaient à plus de six millions? pas un seul peut-être. Demain, les libéraux auront exclusivement leur tour ; aujourd'hui, les harpies du juste-milieu s'abattent avec leur haleine impure et leurs griffes dévorantes, sur les mets de la liste civile ; ainsi, dans ces distributions, tout est coterie, rapacité, déception, mystère.

Une grosse liste civile sert en quelque sorte d'hospice aux petites gens comme il faut, qui, par mauvaise habitude d'éducation ou par orgueil de naissance, préfèrent l'oisiveté de l'aumône à l'honorable indépendance du travail.

Une grosse liste civile entretient la haute et la basse mendicité : les mendiants pullulent et bourdonnent autour d'elle, comme ces myriades d'insectes qui s'attachent aux flancs des gras animaux, pour boire leur lait et sucer leur sang.

Que le roi Louis-Philippe élève un corps de bâtiment haut de sept étages et divisé en chambrettes qui, dans l'espace d'une lieue, longera la Seine depuis le Gros-Caillou jusqu'à la Rapée, et trois mois ne s'écouleront pas avant que sa bienfaisance n'ait trouvé à les remplir, de la cave au grenier, de solliciteurs de toute espèce.

Qu'on lui donne à distribuer en pensions cent millions de francs, et les pétitionnaires, plus multipliés que les feuilles des Tuileries, tendront leurs innombrables mains pour les recevoir. Après cela, le royaume n'en sera que plus pauvre, pauvre pour s'être apauvri, pauvre pour pensionner des oisifs. Ne comprendra-t-on jamais que ce qui enrichit une nation, n'est pas ce qu'on lui ôte, mais ce qu'on lui laisse?

S'il n'y avait pas de si grands palais, il n'y aurait pas de si petites cabanes. Si le roi ne touchait pas 18 millions de liste civile, et que les octrois fussent dégrevés d'autant, le peuple, qui paie les octrois, vivrait mieux, vivrait à meilleur marché. Si d'immenses ceintures de bois ne serraient pas de si près les reins de Fontainebleau et de Versailles, Fontainebleau et Versailles auraient des jardins plus fructueux, des populations plus aisées et plus nombreuses, et des halles mieux approvisionnées. Si tant de forêts royales étaient défrichées, ou divisées, ou aliénées, il y aurait plus de petits propriétaires, plus de droits de mutation, plus de productions variées, plus d'aisance dans les populations du lieu, plus de richesses dans la nation, plus de citoyens.

Il y a dans tel château que le roi n'habitera jamais, mille cinq cents lits où personne ne couche; il y a dans telle ville des mères de famille insolvables que le collecteur poursuit, que le propriétaire chasse de sa maison, et qui errent de porte en porte, avec leurs jeunes enfants, sans savoir où reposer leurs têtes. Bénévoles députés, si enclins à donner, à un roi qui vous regarde, l'argent d'un peuple trop loin et trop bas placé, pour que, du haut de vos chaises curules, vous puissiez l'apercevoir, que dites-vous de cela? Avant que de loger le roi bourgeois dans ses douze palais, ni plus ni moins que le soleil, avez-vous songé à tant d'autres Français qui sont sans vêtements, sans pain et sans asiles. Croyez-vous que le peuple, dont vous vous dites les mandataires, n'ait pas, comme le roi, un estomac que la faim fait crier, et des membres qui grelottent, lorsqu'ils sont nus? Ah! mandataires du peuple, lorsque la postérité vous appellera au jour de son jugement, que vous aurez de comptes à rendre!

Je sais bien qu'on me répondra que les mandataires du peuple s'en tireront alors comme ils pourront, et qu'il est très-probable qu'ils s'inquiètent peu du jugement de la postérité, qui ne songera pas plus à eux qu'ils ne songent à elle; qu'il s'agit de pourvoir aux embarras du moment et à la pénurie du commerce, du commerce de la rue Saint-Denis surtout, qui, ainsi que chacun sait, ne peut aller sans une bonne liste civile.

Pour moi, je concevrais l'argument, si nous avions une aristocratie de princesses et de marquises éblouissantes du feu des diamants, traînant après elles de longs habits de satin, festonés de tulles et de dentelles, et suivies d'un tourbillon de chambellans bariolés de soie et d'or ; mais nous ne pouvons pas avoir, et nous n'aurons pas de cour ; la reine est d'une simplicité charmante, et ses modestes filles portent des chapeaux sans plumes et des robes de toile ; dès lors, que peut servir une liste civile au commerce de la rue Saint-Denis ? Quatre ou cinq bals parés de l'Opéra videront plus ses magasins que les soirées des Tuileries. Ne croirait-on pas que, sans liste civile, on ne pourrait plus vendre ni acheter ? Demanderait-on, par hasard, qui ferait vivre alors les marchands ? Eh ! mais, ce sont les marchands. L'épicier achète les bottes du cordonnier qui achète son sucre. L'horloger vend ses montres au tapissier qui meuble la chambre du boucher qui nourrit la mercière qui prend les chapeaux de la modiste qui s'habille chez la lingère qui loue au propriétaire. Et tous ceux qui ne sont ni sinécuristes, ni ministres, ni rois, les artisans, les rentiers, les employés, les banquiers, les militaires, les juges, les femmes et les consommateurs de toute espèce, les compte-t-on pour rien ? N'est-ce pas leurs besoins sans cesse renaissants, sans cesse satisfaits, qui alimentent le commerce ? N'est-ce pas leur argent qui monte, descend, remonte d'étage en étage, qui court d'une main et d'une boutique à l'autre, et qui, dans ses transformations successives en denrées, en meubles, en vêtements, en parures, en loyers, en billets, en espèces, anime et vivifie toute la ville ?

Il y a de très-grandes cités où les marchands vivent et où il n'y a pas de rois. Les marchands meurent-ils de faim à New-Yorck, où il n'y a qu'un président qui coûte 125,000 f. 125,000 francs, entendez-vous, amateurs si désintéressés des 18 millions, amis si subits des marchands! Ce serait une pauvre ressource que deux ou trois millions de dépenses à Paris, où les marchands vendent pour 1,200 millions par an, et ces deux ou trois millions iront-ils se faire ramasser sur les comptoirs de la rue St-Denis? Les marchands de la rue St-Denis n'ignorent pas que l'on sait trop bien, dans un certain lieu, le prix des écus pour qu'on leur fasse prendre ce chemin-là. Les paysans de la Basse-Bretagne qui paient, les pâtres des Alpes qui paient, les herbagers de la Normandie qui paient, les laboureurs du Languedoc qui paient, les vignerons de la Bourgogne qui paient, les ouvriers de Lyon, de Bordeaux, de Nantes, de Marseille, qui paient, et qui tous aimeraient autant ne pas payer, et qui tous ne mettront jamais le pied, ni à Paris, ni à la cour, s'embarrassent fort peu de savoir si l'argent de la liste civile, qui est le leur, fera ou ne fera pas du bien aux marchands de la rue St-Denis. Et les marchands de la rue St-Denis eux-mêmes, qui souffrent et ne vendent rien, se demandent, d'un air tout contristé, à quoi pourrait servir une liste civile de 18 millions, puisque depuis quinze mois la couronne a reçu plus de 25 millions, sans compter les revenus immenses de la dotation, de l'apanage et du domaine privé, et qu'ils ne s'en sont pas aperçus. Voilà un bien bel argument que l'argument de la rue St-Denis!

Au moins, vous conviendrez avec M. C. Périer, me dira-t-on, qu'il faut que « la jeune « royauté, sortie des pavés des barricades, « brille, dans l'intérêt de l'orgueil national, « d'une plus vive splendeur que les autres « couronnes de l'Europe, et qu'elle se pré« sente aux regards et à la vénération du « peuple, escortée de la majesté des sou« venirs. »

C'est merveille de voir ce héros de la banque chevaucher sur les palefrois de la féodalité, et se mirer dans la majesté des souvenirs. Où diable a-t-il appris tout cela? Prend-il Louis-Philippe pour un Louis XIV, et se prend-il lui-même pour un Colbert? Ou plutôt croit-il que la dignité du roi des Français consiste à ranger chaque soir des piles d'écus sur le comptoir de la liste civile, à tenir ses livres en partie double, et à calculer les bonifications des changes?

Louis XIV et Louis XV traînaient à leur suite un monde fastueux de valets, de ministres, de gardes, de maîtresses et de courtisans. Les écuries, les caves, les toits, les salons, les appartements, les communs, les cuisines, les cabinets, les garde-robes, les palliers, les chambres, les anti-chambres, en étaient surchargés et combles jusqu'aux bords.

Napoléon, maître de l'Europe, peuplait les châteaux impériaux de ses chambellans, de ses capitaines, des rois qu'il avait faits, de son nom et de sa gloire. Sa personne dominait tout et remplissait le vide de sa cour. Il était plus colossal que les palais qu'il habitait. Il n'y avait pas de grandeur qui ne semblât petite auprès de la sienne. Il avait accoutumé les peuples à personnifier en lui la France.

Louis XVIII et Charles X avaient un ordinaire immense de gentilhommes de la chambre et de maîtres-d'hôtel, écuyers, officiers des gardes, aumôniers, valets et courtisans, grands et petits, rouges, bleus, noirs, violets, galonnés, dorés, argentés, titrés, mitrés, moirés, portant manteaux, hermines, épaulettes, camail, rubans, cordons, plaques et chaînes d'or, et une affluence extraordinaire de dames d'atour, d'honneur, d'accompagnement et de présentation, toutes plus étincelantes les unes que les autres de charmes et de diamants.

Mais quand Louis-Philippe arpenterait cinquante fois par jour la vaste solitude de ses palais, sa modestie ne serait-elle pas écrasée par la hauteur des Tuileries, de Fontainebleau et de Versailles? Qui peuplera ces déserts de pierre? Où sont les mousquetaires rouges et gris, les Helvétiens, les gardes-du-corps, les officiers et les gentilhommes, et leurs valets et leurs dames? Le peuple des barricades se soucierait-il de payer une cour qui le mange et qui se moque de lui? Philippe est-il d'humeur à ce qu'on dise de lui ce qu'on disait des autres : Ces gens-là n'ont rien oublié ni rien appris!

Ministres de Louis-Philippe, voulez-vous représenter dignement la France? N'allez pas, comme des fanfarons, jeter à la tête des rois et des empereurs le pommeau de votre épée; mais ne faites pas non plus tant les humbles aux genoux de la sainte-alliance; ne faites pas rebrousser le char de la révolution dans les ornières du juste-milieu, et ne reployez pas sous son aile la tête du coq gaulois!

Mais il s'agit bien de parler de gloire, lorsque la Pologne expire et que l'Europe désarme!.....

Aussi, nous dit-on que la puissance de Louis-Philippe ne doit plus éclater que dans les conquêtes savantes de la paix; que la rosée qui descend du trône fertilise le champ des beaux-arts; que la contemplation de la personne du monarque échauffe, sous les rayons de la liste civile, l'imagination des poètes et des statuaires, et qu'un seul de ses regards les éclaire, les inspire et les récompense.

Vaines paroles démenties par l'histoire! serviles maximes que repoussent les arts!

Les arts aiment la liberté et vous les emprisonnez sous la tutelle d'un roi.

Qu'y a-t-il d'indivisible, je vous prie, entre les arts et la royauté? Y avait-il un roi à Athènes, lorsqu'aux applaudissements de la foule énivrée, Zeuxis ornait de ses sublimes peintures les murs de l'élégant Parthénon, ou lorsque, sous le ciseau créateur des Phidias et des Pygmalion, respiraient les grâces de Pandore et la majesté vivante des dieux? Y avait-il un roi, lorsque David jetait ses Sabines entre deux armées, ou que ce fier génie peignait Léonidas mourant aux Thermophyles? Y avait-il un roi, lorsqu'il ouvrait aux Gérard, aux Gros, aux Guérin, son immortelle école de peinture? Y avait-il un roi, lorsque les statues de l'Apollon et de la Vénus de Médicis, et les tableaux de Raphaël et du Corrège, couronnés des lauriers de la république, entraient dans nos musées, avec une pompe triomphale?

Les arts se rapetissent et se taillent sur le patron de nos camarillas.

Sous Louis XV, ils s'enluminent de rouge et de blanc, et ils portent de la poudre et des paniers, comme les poupées de la cour.

Sous Charles X, prince dévôt, il faut que des peintres, sans foi religieuse et par conséquent sans inspiration, suspendent au dôme du Musée des tableaux de sacristie, froids et inanimés comme la palette des artistes.

On fabrique des sacres où les seigneurs de la cour veulent que leurs traits communs et leur stature voûtée se relèvent sur la toile dans une attitude colossale. Puis, comme nous changeons souvent de rois et que ces figures d'un autre règne pourraient blesser le nouveau protecteur des beaux-arts, à chaque révolution on les décroche du plafond, on les ôte de leurs cadres dorés, on les roule et on les relègue au grenier. Voilà où vont les sacres. O vanité!

Aujourd'hui, l'on nous fera des médaillons de famille, et des Jemmapes et des Valmy, où nous verrons ressortir en relief de petits héros sur de grands champs de bataille. Voilà ce qui s'appelle parler à l'imagination! Eh! mon Dieu, ne prétendez pas à diriger les arts, ne donnez pas tant d'argent, mais faites de grandes choses et servez de modèles!

Si le roi doit diriger les beaux-arts, pourquoi ne dirige-t-il pas l'académie de peinture, de sculpture et d'architecture, puisque vous lui laissez les châteaux, les palais et les musées? Pourquoi ne braque-t-il pas dans les espaces du ciel, sur Jupiter et sur Vénus, les lunettes de l'Observatoire? Pourquoi ne préside-t-il pas à la dissection anatomique des éléphants, des baleines et des insectes? Pourquoi ne ranime-t-il point du souffle de son génie les os et la chair morte de l'Institut? Vous voulez qu'il soit maçon, peintre, graveur, statuaire, médailliste, et vous ne voulez pas qu'il soit naturaliste, historien, géomètre, ingénieur, poète, astronome! Qui oserait donc, sans irrévérence, affirmer que le roi ne sait pas tout? Qui serait assez mauvais citoyen pour cela? Pourquoi souffre-t-on aussi que le ministre de l'intérieur achève l'arc de triomphe, ordonne le fronton de la Madeleine, et couvre nos ponts et nos places de fontaines monumentales et de statues? Pourquoi faire une sottise à demi, lorsqu'on peut la faire complète?

Si le prince n'entend rien aux arts, c'est un commis en frac ou en épaulettes qui jugera le mérite des artistes. Si, ce qui serait pire, il est à demi connaisseur, il leur fera subir la bizarrerie de ses préférences. S'il porte dans les arts l'entêtement d'un esprit sans flamme et sans couleur, il faudra donc que, pendant toute la durée de son règne, les arts restent stationnaires comme les institutions politiques. S'il est avare, il gardera l'argent pour soi ou il les traitera mesquinement. Si son commis n'a pas de goût, il peut gâter l'art, en favorisant le burlesque. Et si ce commis est un fripon, et qu'il s'avise de vendre, de détourner ou d'échanger des tableaux et des statues qui appartiennent à la nation, s'il est despote et qu'il prétende fermer au public l'entrée des musées, s'il est fantasque, et qu'il veuille envoyer en province ou claustrer dans les galeries inaccessibles des palais de la couronne, les chefs-d'œuvre de nos grands maîtres, qui l'en empêchera? Est-il responsable?

Mais on dit : le ministre n'a pas le sentiment des arts. — Un roi l'a-t-il davantage? — Non, Mais il mettra à leur tête un directeur instruit. — Eh qui empêche donc le ministre d'en faire autant? — Mais le ministre ne pourra commander de grands ouvrages, car il serait borné par le vote annuel des chambres! — Je répondrai que les chambres n'ont jamais refusé de fonds pour les grands ouvrages qui sont en cours d'exécution. Les chambres ne sont pas si welches qu'on le suppose. Elles aiment les arts autant que les courtisans, et elles ont un sentiment plus vif qu'eux de la grandeur nationale; elles ne souffriraient pas qu'un ministre responsable sacrifiât les arts à la coterie, et lorsque nos charges diminueront, elles voteraient pour leur encouragement, soit en écoles, soit en commandes, soit en achats, des fonds beaucoup plus considérables que s'ils vivaient dans la maison du roi, à la portion congrue.

Dans les monarchies absolues, le roi représente la nation personnifiée, et l'artiste peut recevoir, sans se dégrader, des encouragements de sa main. Mais dans les gouvernements libres, la nation se représente elle-même. La nation est souveraine, la nation est tout, la nation punit et récompense, la nation paie et reçoit, la nation inspire et contrôle, et la fière indépendance de l'artiste s'indignerait d'être obligée de se plier aux directions capricieuses d'un courtisan, et de tendre la main au plus riche des citoyens, fût-il roi.

Mais le ministère ne se contente pas de ravir aux beaux-arts leur indépendance, en les assujétissant au servage du monopole royal. Il veut encore ôter à tous les palais de l'état leurs revenus et leur nationalité.

« Il faut conserver, selon lui, pour l'hon-
« neur de la révolution, et léguer à l'avenir
« les châteaux de Versailles, Compiègne,
« Fontainebleau, qui ne sont pas seulement
« des résidences royales, mais des monuments
« nationaux, décorés par les arts et illustrés
« par l'histoire. »

Le ministère mêle la révolution de juillet à tout, en parole. Il lui a fait faire volte-face, il lui tourne la tête, et il ne lui fait plus regarder que le passé. Il semble oublier que les monuments de l'architecture ne supposent pas toujours la civilisation. Ils n'obtiennent le respect des nations que s'ils répondent à leur génie.

La prodigieuse hauteur des monuments égyptiens qui étonnent l'imagination, se liait par tous les points au système de la théocratie. A des dieux immenses de granit, il fallait des temples colossaux. Le peuple, qui se nourrissait de quelques oignons, élevait de magnifiques tombeaux pour la vanité des rois, et des sanctuaires impénétrables pour la fourbe des prêtres.

L'élégance des temples grecs respirait les gracieuses créations de la mythologie.

Dès que Rome quitta les exercices vivaces de la liberté, on lui bâtit des cirques et des temples avec des esclaves et l'or du monde.

Les châteaux de la féodalité découvraient au loin dans la plaine les huttes des serfs misérables et abrutis.

Les cathédrales du moyen-âge ajoutaient par leur grandeur à la grandeur sombre et mystérieuse du christianisme et soutenaient la religion des peuples.

Les pompeuses inutilités de Versailles n'allaient pas mal avec cette tourbe de courtisans et de valets qui formaient la cour d'un roi absolu.

Mais à mesure que le goût de la liberté arrive aux peuples, la commodité succède à la magnificence. Il faut que l'utilité, plus que la grandeur, éclate dans les monuments publics. On construit des canaux, des routes, des écoles, des quais, des ports, des hospices, des théâtres, des fontaines, des ponts.

C'est une fausse idée de croire que les

monuments inutilement fastueux de l'architecture et des arts, attirent chez nous l'étranger; c'est plutôt la douceur du climat, la facilité des mœurs, la commodité de la vie, l'abondance, le luxe, les spectacles, les plaisirs, la liberté.

Si les châteaux de la couronne sont, comme les appelle le ministère, des châteaux *nationaux*, pourquoi donc ne pas ou les vendre, ou les louer, ou les utiliser au profit de la nation? Mais ce n'est pas de la sorte que l'entend le ministère: il faut que la nation les entretienne à ses dépens, sans pouvoir elle-même, en aucune manière, en disposer ni en ouir. Voilà, selon le ministère, le caractère essentiel d'un monument national!

Ecoutez messieurs les courtisans: il leur faut absolument des châteaux, beaucoup de châteaux, tous les châteaux. Ils ne vous feront pas grace d'un seul; ils ne permettraient même pas au roi, s'il en avait envie, de faire à ce sujet la moindre observation.

Mais Versailles est peut-être bien grand? — Ah! Sire, c'était le palais de votre oncle Louis XIV.

Et Rambouillet? — Que dites-vous là? ce château vous venait de votre aïeul, le duc de Penthièvre.

Et Fontainebleau? — C'était l'habitation de François Ier, votre prédécesseur, de François Ier, comme vous, Sire, protecteur des beaux-arts.

Et Compiègne? — Un château royal! votre plus beau fleuron! une forêt si productive! y songez-vous, Sire!

Et Saint-Cloud? — Il touche presque à Neuilly. — Et Meudon? Il touche à Saint-Cloud. — Et Trianon? Il touche à Versailles. — Et les fermes? Elles touchent aux parcs. — Et les maisons? Elles touchent aux palais.

—Vous croyez donc vraiment que je ferais bien de tout garder? — Oui, Sire, cela sera beaucoup plus national.

A la vérité, le roi-citoyen, en comptant les siens, aura plus de châteaux que n'en eut jamais Louis XIV; mais ce n'est là qu'une petite singularité qui, après tant d'autres plus étonnantes, ne mérite pas la peine qu'on s'y arrête. A la vérité, l'entretien de ces caravansérails de pierre, où ne logera que la valetaille, absorbera plusieurs millions: mais qu'est-ce que cela fait? la nation paiera.

La majesté de la souveraineté du peuple se marie si bien avec ces vieilles images de la féodalité! il y a des rapports si intimes et si vrais entre un roi-bourgeois et les pompes de Versailles! et puis, les forêts de Fontainebleau, de Rambouillet et de Compiègne, donneront au roi un immense revenu. Il peut, sans violer le Code et sans que l'inspecteur des domaines y trouve à reprendre, jeter bas tant de magnifiques forêts qui valent des lingots d'or. Une dotation immobilière qui ne subit jamais le pointilleux contrôle des chambres, cela est si facile à administrer! cela est si commode! On taille, on coupe, on démolit, on vend, on loue, on ne doit aucun compte. Décidément, le roi ne peut, sans manquer à la dignité de sa couronne, à l'espoir de la France, à l'estime de l'Europe et aux promesses de la révolution de juillet, abandonner aucun de ces châteaux. C'est même dommage qu'il y en ait si peu!

D'ailleurs, nous ferons bien voir, ajoutent les courtisans, qu'avec de la force d'âme, on sait se résoudre à des sacrifices. Cela coûtera, mais enfin, après avoir gardé la Louvre, les Tuileries, l'Élysée, Versailles, Trianon, Marly, Saint-Cloud, Meudon, Pau, Fontainebleau, Compiègne, avec toutes leurs dépendances, annexes, enclaves et accessoires, maisons, bâtiments, manufactures, terres, prés, rentes, corps de fermes, eaux, bois et forêts, nous laisserons peut-être, si l'on nous en prie bien, vendre.... le Pavillonnet de Bagatelle!

Que les hurleurs de l'opposition viennent dire après cela qu'on ne lâche rien!

Un autre avantage, voyez-vous, qui s'attache à la possession de tant de châteaux, c'est que cela met en goût pour prolonger la galerie du Louvre. C'est une heureuse idée, n'est-ce pas, surtout dans ce moment-ci, que celle d'achever le Louvre? Ne trouvez-vous pas qu'il y a autant d'utilité que d'à-propos?

Nous savons bien que vous allez nous dire que la construction fastueuse de Versailles a obéré Louis XIV, qu'elle a amené la banqueroute de Law, et qu'elle nous a mis sur les bras, depuis plus d'un siècle, la charge annuelle d'un entretien de plus de 600,000 fr.; que nous avons déjà bien assez de pierres amoncelées les unes sur les autres; qu'il est plus urgent d'alléger l'impôt sur le sel, le tabac et les boissons, que de gâcher du plâtre; que la manie de la truelle, qui ruine les particuliers, n'enrichit pas les rois; qu'il faudra exproprier à grands frais tout le quartier du Vaudeville; que les étages supérieurs du Louvre ne sont pas même occupés, et que, quand la galerie sera achevée, on ne saura qu'en faire.

Ces raisons-là, nous en conviendrons, ne sont pas toutes également absurdes; mais, après que M. Fontaine aura gâté le jardin des Tuileries, à quoi voulez-vous donc qu'il occupe un roi économe et citoyen!

O les puissants argumentateurs que les logiciens de cour!

Pour moi, je ne sais par quel caprice d'imagination, je m'étais forgé de toutes autres idées. Je me figurais que ce n'était point dans l'exagération de la liste civile, dans la monstrueuse possession de tant de palais, de châteaux, de forêts et de terres, dans les délicatesses recherchées des banquets et dans les merveilles du luxe; mais que c'était dans la force de ses prérogatives constitutionnelles, la simplicité de ses mœurs, l'habileté de son gouvernement, l'union, la confiance, et le bien-être des citoyens, que devaient résider l'éclat, la popularité, la puissance, la majesté et la gloire d'un roi électif.

Il me semblait qu'il faudrait démolir ce qui est inhabitable, pour reconstruire ce qui est commode; qu'il faudrait s'abstenir de dépenser quand on n'a pas d'argent; qu'il faudrait ne pas lever d'impôt sur toute la France pour aligner, à Paris, des moellons sur des moellons, sans génie et sans utilité; qu'il faudrait; avant de songer aux courtisans qu'on logera dans les palais, songer aux pauvres qui meurent de faim dans leurs chaumières; enfin, qu'il faudrait se souvenir que le Louvre, qu'on veut laisser au roi, a été pris par le peuple.

Mais où découvrir maintenant la souveraineté du peuple? où siége-t-elle? où s'exerce-t-elle? Pas un seul homme du peuple ne participe aux élections; pas un seul homme du peuple ne représente le peuple; pas un seul palais qui porte le nom de palais national pas un seul musée qui soit national; pas de législature qui soit le produit d'un vote universellement national; et cependant c'est par le peuple et pour le peuple que la révolution de juillet a été faite !

Hélas ! lorsque j'ai aperçu les ongles crochus de tant d'hommes aux mains desquels tombait cette pauvre et innocente révolution, je me suis retiré un peu en arrière pour les voir fonctionner, et j'en ai eu mal au cœur. Dès-lors, j'ai senti se dissiper l'enchantement de mes illusions, et je me suis bien gardé surtout d'aller donner, comme un rêveur, dans la chimère des gouvernements à bon marché. Mais néanmoins je n'aurais jamais pu m'imaginer que ça dût coûter si cher un roi-citoyen !

A l'ouverture de la session, j'ai été traité de visionnaire et de radical, parce que je demandais dans l'Adresse qu'on procurât aux classes ouvrières le travail qui les fait vivre, l'instruction qui les moralise et les droits municipaux et politiques qui leur appartiennent, comme Français et comme citoyens, tout aussi bien qu'à nous.

Au moment où je parle, je vois rôder autour de moi des gens de mauvaise mine, des courtisans. Les voilà qui s'approchent ! Ils me serrent la gorge pour m'arracher le pain et la vie du peuple, et à peine si je puis crier d'une voix étouffée : Lyon ! Lyon !

LETTRES

SUR

LA LISTE CIVILE.

(Deuxième.)

— 1832 —

Pour les esprits accoutumés à méditer les matières législatives, il n'y a pas de question qui se présente sous des rapports plus nouveaux et plus divers que celle de la liste civile et de la dotation de la couronne.

Sous le rapport moral, une trop grosse liste civile, flanquée d'une monstrueuse dotation, altère les mœurs du peuple par l'établissement d'une cour fastueuse, et elle offense les citoyens par l'inégalité trop disproportionnée des richesses.

Sous le rapport politique, elle ôterait à la royauté de juillet ses manières bourgeoises et sa face populaire; au lieu d'un gouvernement à l'imitation du consulat, elle refait une monarchie à la prussienne ou à l'anglaise, et, dépouillant de ses domaines la nation, qui seule a la souveraineté, la majesté et la puissance, elle vous héberge et vous loge ridiculement notre royauté étriquée dans les prodigieux palais de Napoléon et de Louis XIV.

Sous le rapport constitutionnel, elle violerait la Charte par la perpétuité de la dotation; ou, se servant de ses énormes richesses, elle pourrait, aux mains de quelque Walpole, souiller de ses attouchements la virginité politique de nos députés et de nos pairs, elle que l'on a vue au-delà du détroit, marchander la liberté par la mise aux enchères des consciences dans le bazar législatif.

Sous le rapport administratif, elle souffre que la gestion des biens de la dotation reste sans surveillance publique, sans audition de comptes et sans responsabilité, et tandis que le service que les communes font avec l'argent de leur patrimoine, subit le contrôle de la cour des comptes, le service que fait la couronne avec l'argent du patrimoine et des sueurs de la nation, s'enfonce dans l'ombre et dans l'irresponsabilité.

Sous le rapport agricole et industriel, elle laisse de vastes habitations sans habitants ou sans établissements d'utilité publique, trop de terres, de fermes, de landes et de parcs sans division et sans mobilisation, et trop de manufactures dans les mains du monopole.

Sous le rapport financier, d'un côté elle épuise le nécessaire du pauvre, pour fournir du superflu aux riches, et de l'autre elle enlève au commerce et à l'impôt des biens-fonds immenses, qui enrichiraient l'état et soulageraient le trésor, s'ils étaient aliénables et imposables.

Sous le rapport économique, elle ne peut gréver les contribuables au profit du monarque, qui est le premier fonctionnaire du royaume, sans que le budget ne confère à l'instant même aux autres serviteurs de l'état, par imitation et par justice relative, un traitement proportionnel.

Enfin, sous le rapport domanial et sous le rapport judiciaire, la loi de la liste civile présente, relativement à l'existence et aux conditions d'un domaine privé, aux effets de la donation du 6 août 1830, à la nature et à la permutation des apanages, à la distribution des services de la maison du roi, à la liquidation de la caisse de vétérance et de l'arriéré, et aux actions des fournisseurs et créanciers, une foule de questions que les changements survenus dans la forme du gouvernement, les progrès de la civilisation, les besoins du trésor et la position particulière du roi et de sa famille rendent aussi neuves qu'ardues.

Ces questions méritent d'être étudiées avec d'autant plus de soin, que la liste civile étant votée pour toute la durée du règne, les erreurs qui seraient commises ne pourraient être réparées par le correctif des législatures annuelles, et aussi parce que les dispositions qui vont être prises, au commencement de la nouvelle dynastie, s'appliqueront aux règnes suivants, par l'entraînement de l'exemple.

Ce sont ces motifs qui m'ont engagé à discuter et à résoudre sommairement, dans l'ordre du projet de loi, les questions de droit qui en découlent, et qui, par leur nouveauté et leur intérêt, appellent les méditations des jurisconsultes et des chambres.

I. — « La dotation de la couronne est-elle « perpétuelle, ou viagère ou périodique? »

Les domanistes de la maison du roi auraient voulu faire considérer la dotation de la couronne, tant en immeubles qu'en meubles, comme une substitution perpétuelle, comme une dotation nationale plutôt réelle que personnelle, comme un grand majorat inextinguible et qui ne pouvait prendre fin, soit par le décès du dernier mâle de la dynastie régnante, soit même par l'avènement au trône d'une dynastie nouvelle.

C'est dans ce sens, en effet, que dispose les sénatus-consulte du 30 janvier 1810.

La loi du 15 janvier 1825, sur la constitution de la liste civile de Charles X, résout implicitement la question par le silence qu'elle garde au sujet de la dotation de la couronne.

C'est aussi dans ce sens que l'exposé des

motifs et le projet de la loi du 3 octobre 1831 distinguent les domaines de la couronne des domaines de l'état, et qu'ils traitent à dessein, dans quatre chapitres séparés, de la dotation de la couronne, du domaine privé, de l'apanage et de la liste civile, et que, pour mieux l'envelopper, ils jettent les quatre mains sur la fortune publique.

Le ministère va jusqu'à dire qu'une dotation immobilière et mobilière est prédestinée à la royauté par la loi, et qu'elle fait partie de ses prérogatives.

Il n'y a de prédestination et de prérogative que dans l'imagination du ministère. Pourquoi la dotation de la couronne serait-elle plus fermement assise que la dotation de la caisse d'amortissement, ou que la dotation des autres services publics? Qu'est-ce donc que la royauté constitutionnelle, sinon un service public? Est-ce que la loi de la dotation serait une loi-charte? est-ce qu'elle serait même plus qu'une charte? Car la charte de 1814 est morte, et le ministère prétend que l'ancienne dotation vit encore. La charte de 1830 est pour le roi, qui l'a jurée, la loi des lois. Or, la charte ne lui alloue qu'une liste civile, c'est-à-dire, ainsi que le définit l'art. 10 de la section 1re, chapitre 2 de la constitution de 1791, une somme d'argent annuelle pour le paiement, viagère pour la durée (*).

(*) « La nation pourvoit à la splendeur du trône par

Mais la charte ne lui assure de dotation ni mobilière ni immobilière. Le peuple souverain qui pouvait donner ou refuser la couronne à Louis-Philippe, peut lui donner telle *dotation* qu'il lui plaira, ou ne lui en donner aucune. Le Louvre, les Tuileries, St-Cloud, Compiègne, Fontainebleau, Rambouillet, Versailles, tous les châteaux, les terres, les forêts, les prés, les rentes, les manufactures, diamants, perles, pierreries, statues, tableaux, musées, bibliothèques, tout, encore à l'heure où je parle, appartient à la nation, en propriété et en jouissance, sans exception, sans protestation, sans limitation, sans réserves; c'est son bien, son droit, sa conquête.

La détraction *a posteriori*, comme la constitution *a priori*, implique la non perpétuité. Car, qui peut détacher une partie peut détacher le tout; qui peut détacher le tout, peut anéantir la dotation. Dès-lors, plus de perpétuité.

C'est la conclusion logique.

Dans tous les cas, la nation n'abandonne que le domaine utile ou l'usufruit; elle se réserve le domaine éminent ou la propriété. C'est pour cela que les domaines de la cou-

« une liste civile, dont le corps législatif déterminera la « somme, à chaque changement de règne, pour toute « la durée du règne. » Constitution de 1791, ch. 2, sect. 1, art. 10.

« La liste civile est fixée pour toute la durée du rè- « gne, par la législature assemblée depuis l'avénement « du roi. » Charte du 7 août 1830 art. 19.

ronne sont inaliénables et imprescriptibles, parce qu'ils ne peuvent se fondre ou s'altérer par la fraude ou la négligence du donataire. Il en a la jouissance et non la disposition.

Voilà les principes du droit.

La raison politique justifie cette théorie.

Si le revenu de la liste civile, grossi par des incorporations successives, montait à des sommes énormes, et qu'avec l'auxiliaire des contributions indirectes, le roi pût suffire aux dépenses de sa maison et au gouvernement de l'état, il pourrait donc se passer de chambre!

Si la dotation était perpétuelle, elle pourrait s'accroître indéfiniment de règne en règne, au détriment de l'agriculture, de la population et de l'impôt. Elle multiplierait les prolétaires par l'engourdissement de la main-morte; elle échapperait au contrôle des chambres par l'immobilité de son isolement; elle pourrait, en d'autres temps, soudoyer, par l'énormité de ses revenus cachés, les infamies de la basse police, amortir les journaux et corrompre le parlement; elle pourrait offenser la morale publique et les intérêts de l'état, par le scandale des sinécures, la multiplication de ses employés et les dilapidations de ses intendants; elle pourrait provoquer, comme en Angleterre, des allocations supplémentaires de crédit, pour ne pas laisser peser sur le prince l'insolvabilité de constructions dispendieuses.

Au contraire, avec une dotation viagère, la nation examine, à chaque règne, s'il lui convient, selon les besoins de la population ou du trésor, de retirer de la dotation, pour l'aliéner ou le démolir, tel palais dont l'immense réparation serait ruineuse, ou telle forêt trop épuisée, ou trop considérable, ou trop rapprochée des villes, qu'il faut vendre ou défricher. Elle examine si, à mesure que la pente irrésistible du siècle entraîne les nations de l'Europe vers les simplifications de la république, il convient de loger les rois-bourgeois dans les palais des rois-absolus; s'il n'est pas à craindre que les pas des hommes d'armes ne retentissent à leur oreille lorsqu'ils traversent les hautes salles des gardes, et ne leur inspirent une violente envie de s'en faire accompagner; si les souvenirs de la puissance arbitraire de leurs prédécesseurs ne travaillent pas dans leur tête, et s'il n'y a pas dans l'exercice de la souveraineté, même déléguée, une si grande défiance de la liberté, une si facile exagération du pouvoir, un si redoutable enivrement de soi-même, qu'il faut que la nation puisse toujours se placer en face du monarque, et qu'elle soit toujours prête à lui dire : Souvenez-vous que je vous ai fait roi?

La perpétuité de la dotation serait donc inconstitutionnelle, irrationnelle, impolitique.

Elle blesserait à la fois les termes de la Charte, les principes du droit et les intérêts de la nation.

Il y a plus: dans la rigueur des choses, la dotation ne peut participer à la viagérité de la liste civile; car si une loi ordinaire ne peut toucher constitutionnellement, pendant la durée du règne, à la liste civile une fois fixée, parce que la Charte le défend, une loi peut toucher à la dotation simultanée de la couronne, parce que la Charte ne le défend pas.

Et il ne faut pas confondre la dotation immobilière avec la liste civile, dans l'acception de droit, car le sénatus-consulte du 30 janvier 1810, la loi du 8 novembre 1815, la loi du 16 janvier 1825, et le projet de loi du 3 octobre 1831 distinguent ces deux choses-là.

Les deux décrets du 3 juin 1791 ne parlent pas d'une dotation viagère, mais d'une simple jouissance. D'ailleurs, la constitution de 1791 définit la liste civile, une somme d'argent, et non un bien meuble ou immeuble. Dans le doute, l'interprétation doit se faire au profit, non de la couronne, mais de la nation, avec d'autant plus de raison que la nation étant maîtresse de réduire le roi à un ou deux châteaux, sans terres ni bois, c'est bien le moins, si elle se montre plus magnifique, qu'elle puisse prescrire les conditions et les limites de son octroi.

Ainsi donc, du système de la perpétuité, vous devez passer, sans intermédiaire, au système de l'annualité facultative. Comment, en effet, une loi ne pourrait-elle pas ôter ce qu'une autre loi a donné? Comment la législature actuelle aurait-elle la faculté d'enchaîner les législatures suivantes? La condition de l'inaliénabilité des biens de la couronne ne résiste pas à cette interprétation; car les immeubles sont inaliénables et imprescriptibles, non pas à perpétuité, mais tant qu'ils restent dans la main du prince. S'ils en sortent par la puissance de la loi, ils redeviennent aliénables. Si un immeuble, par sa chute ou sa stérilité, devenait évidemment à charge au prince, il peut être avantageux à lui, comme à l'état, de le rendre et de le restituer à la mobilisation.

Ce principe que je pose, et qui est à l'extrême point de la perpétuité de la dotation, impliquerait que si elle peut être diminuée par voie de détraction, elle peut être, légalement et à chaque législature, accrue par voie de concession nouvelle.

L'un de ces effets est la conséquence de l'autre. Au surplus, pourquoi ne pas se borner, comme la constitution de 1791, à n'accorder qu'une somme d'argent?

Mais la législature de 1831 a-t-elle, après et malgré quarante ans d'expérience, la vue aussi longue que la législature de 1791? Tant s'en faut.

II. — « Doit-on dresser un inventaire des « meubles et immeubles de la dotation. »

Le projet actuel n'en dit pas un mot.

Cependant le sénatus-consulte du 30 janvier 1810, le décret du 3 juillet 1791 et la loi du 8 novembre 1814 l'ordonnaient.

Il ne faut pas oublier qu'il existe dans les palais, châteaux et bâtiments de la couronne, pour 32 millions de valeurs en meubles meublants, tels que lits, argenterie, glaces, linge, fauteuils, draperies, rideaux, etc. !

Trente-deux millions de valeurs ! apparemment que cela passe par-dessus le marché et ne vaut pas la peine de figurer dans un projet de loi qu'on a mis quinze mois à mûrir et à rédiger.

Quant aux meubles qui comprennent les statues, tableaux, musées et bibliothèques, et qui sont d'un prix inestimable, on n'a eu également que quinze grands mois pour écrire dans la loi cette seule ligne : *il en sera dressé inventaire*, et nous n'en faisons pas un reproche au ministère : il est évident que le temps lui a manqué.

Mais il faut espérer qu'il ne manquera pas aux députés pour demander, selon leur devoir, qu'il soit dressé un état estimatif des meubles susceptibles d'êtres détériorés par l'usage, et un état descriptif des meubles non-fongibles, ainsi que des immeubles, et que les états soient déposés aux archives des deux chambres, après avoir été certifiés et signés par un ministre responsable.

III. — « Le roi pourra-t-il faire aux palais, « bâtiments et domaines de la couronne, « tous les changements, additions ou démo-« litions qu'il jugera utiles? »

L'art. 15 du projet de loi résout cette question affirmativement; en effet, la faculté de travailler, avec le marteau de la démolition, les immeubles de la couronne, impliquait la perpétuité de la dotation, mais, dans le système d'une dotation viagère, cette faculté serait une dérogation complaisante à tous les principes. Quels sont ces principes? Les voici :

La nation a la propriété des domaines de la couronne, et le roi en a seulement l'usufruit : le roi n'est donc qu'un usufruitier.

Cela posé, quelles sont les obligations de l'usufruitier? L'art. 578 du Code civil nous l'apprend : c'est, d'une part, de conserver la substance de la chose, et, d'autre part, d'en jouir en bon père de famille.

Il suit de là que, permettre au roi les changements, additions ou démolitions qu'il lui plaira, c'est lui attribuer le droit non pas de simple usufruitier, mais de propriétaire, qui, d'après l'art. 544 du Code civil, peut jouir et disposer de sa chose de la manière la plus absolue.

Le décret, du 3 juin 1791, ne donnait

même au roi constitutionnel qu'un simple droit d'habitation dans le Louvre et les Tuileries.

Il est contraire à tous les précédents, à toutes les règles de droit et aux intérêts de la nation, que le prince puisse démolir et changer à son gré les bâtiments et domaines de l'état.

Il aurait donc le droit d'effacer ces gracieuses cariatides qui décorent la façade intérieure du Louvre, et que cisela le génie de Jean Goujon! Il pourrait donc masquer la fameuse colonnade et convertir le parc de Versailles en jardin potager !

Si le ministre de l'intérieur avait l'administration des bâtiments de la couronne, et qu'il s'avisât de faire des choses pareilles, le ministre pourrait être atteint dans sa responsabilité; mais le roi n'est pas responsable, et, dans la nouvelle liste civile, les biens de la couronne ne seront pas placés sous la direction et la sauve-garde d'un ministre responsable, mais sous l'administration d'un simple intendant.

C'est pour cela que, dans le système d'une dotation viagère, le roi ne devrait avoir sur les bâtiments qu'un droit d'habitation, et sur le reste des biens immeubles, qu'un droit d'usufruit. Il faudrait aussi réserver la faculté d'établir par une loi, au profit du public, des servitudes de passage et autres, s'il y avait lieu, dans les bâtiments, parcs, jardins et enclaves des biens de la couronne.

IV. — « Les biens particuliers du princ « qui arrive au trône sont-ils, de plein droit, « dévolus et réunis au domaine de l'état? (*) »

C'était la disposition de l'édit d'Henri IV de 1566. Le roi était censé contracter avec l'état un mariage indissoluble. La personne politique absorbait la personne civile. Trésor public, trésor privé, c'était même chose. Dettes et biens, l'état prenait tout. Le roi c'était l'état. L'état c'était le roi. Cette transformation royale était conforme au génie de la monarchie.

Il y avait dans cette fiction une sorte de grandeur. Il y avait du moins de la rationalité, de la logique.

Cette dévolution irrévocable n'était limitée que pour les biens immeubles acquis depuis l'avénement à titre singulier. Mais la gestion du fisc, après l'expiration de l'union décennale, sans disposition, emportait l'incorporation du bien au domaine de l'état.

D'un autre côté, l'aliénabilité du domaine était le seul obstacle qu'on pût alors opposer aux faibles entraînements des princes et à l'avidité des courtisans. C'était, dans ces temps

(*) « Les biens particuliers du prince qui parvient au trône sont, de plein droit et à l'instant même, unis au domaine de la nation, et l'effet de cette réunion est perpétuel et irrévocable. » (V. loi du 1er décembre 1790, art. 6; loi du 8 novembre 1814, art. 20.) « Les biens particuliers que le roi possède, à son avénement au trône, sont réunis irrévocablement au domaine de la nation. » (V. constitution de 1791, art. 9.)

éloignés, un remède contre les dilapidations, et une ressource pour l'état.

Mais la constitution de 1791 jeta de côté le vieux système financier, décréta l'aliénabilité du domaine, et, distinguant l'état du prince, fit de celui-ci deux personnes : l'une publique comme roi, l'autre particulière comme citoyen.

Elle maintint, soit pour restituer d'immenses propriétés à la mobilisation, soit pour empêcher que le prince ne devînt trop puissant à force d'être trop riche, la dévolution immédiate, pleine et perpétuelle des biens particuliers que le roi possédait avant son avènement.

Mais, par compensation, elle reconnut que le magistrat politique n'absorbait pas entièrement le citoyen, et elle permit au roi d'acquérir et de posséder à titre privé, et de disposer, sous la condition limitative de l'incorporation nationale, des biens par lui acquis pendant son règne, et dont il ne se serait pas désaisi avant son décès.

Nous ne parlerons pas du sénatus-consulte du 30 janvier 1810, qui créait à la fois une dotation permanente, un domaine privé et un domaine extraordinaire. Napoléon se souciait peu de se renfermer dans les bornes constitutionnelles ; il voulait posséder, jouir, gouverner et disposer librement de tout pouvoir et de toute fortune, en propriétaire, en conquérant, en maître, en roi.

La loi du 8 novembre 1814 rétablit les principes de la constitution de 1791, sur l'union immédiate des biens antérieurs au domaine de l'état et sur l'acquisition, la jouissance et la disposition restrictive des biens acquis et possédés depuis l'avènement.

Le gouvernement semble avoir omis à dessein de s'expliquer sur l'union des biens antérieurs et sur la composition du domaine privé.

La règle de l'incorporation doit-elle subsister?

En droit, le prince, s'il est électif, sait la condition de son avènement. S'il est héréditaire, il y a présomption que les fruits de ses économies, converties en biens, sont tirées des deniers de l'état qui constituent la dotation de l'héritier présomptif.

Le prince est, avant tout, une personne politique, et ce sont des motifs purement politiques qui déterminent l'incorporation.

En fait, et dans l'espèce, le roi Louis-Philippe ne peut échapper à cette union, puisqu'elle a eu lieu sous l'empire de la loi du premier décembre 1790, et de la loi du 8 novembre 1814, dont la disposition, à cet égard, est claire et formelle. L'art. 70 de la charte réformée maintient les lois existantes, en ce qu'elle n'ont rien de contraire. Or, les lois de 1790 et de 1814 n'ont, en cela, rien de contraire à la charte; donc elles existent; par conséquent, il faut les exécuter.

Peu importe que le roi soit héréditaire ou électif. Car, si Charles X, le duc de Bordeaux et le duc d'Angoulême étaient morts tout à coup en 1829, le duc d'Orléans, roi héréditaire, aurait vu tous ses biens privés réunis, de plein droit, au domaine de l'état.

L'élection du prince ne change donc, à moins d'une stipulation contraire, ni la nature des biens, ni les motifs politiques de l'union, ni l'application de la loi.

Ainsi, tous les biens que le roi possédait la veille de son avènement, et dont il n'a pas disposé, ont été, immédiatement après son serment, qui l'a fait roi, réunis au domaine de l'état. Lui-même l'a reconnu, car pourquoi disposait-il de la nue-propriété?

Au surplus, la question de savoir si, en théorie, il vaut mieux que les biens particuliers du prince continuent de lui appartenir, ou que sa personne civile meure, que sa succession s'ouvre et que ses héritiers soient l'état ou ses fils, est une question oiseuse à l'égard du roi actuel, puisqu'il ne peut échapper aux liens de la législation qui l'a saisi le premier jour de son règne.

Vue de plus haut, cette loi ne vaut rien, si

l'on peut l'éluder comme on l'a fait, par un procédé plus légal que royal. A quoi servirait, en effet, le maintien d'une loi qu'il est si licite et si facile de frauder, à moins qu'on ne dise que la crainte de l'union forcerait le prince à disposer de ses biens avant d'être roi, et, par conséquent à les mobiliser.

V. — « Si le roi Louis-Philippe, avant de « monter sur le trône, n'a disposé que de la « nue-propriété de ses biens et qu'il s'en soit « réservé l'usufruit, cet usufruit serait-il at- « teint par le principe de la révolution na- « tionale? »

« J'estime que, dans ce cas, l'usufruit est uni au domaine de l'état.

L'édit de 1556 parlait de réunion perpétuelle et irrévocable, parce qu'alors les biens de l'état étaient *inaliénables*.

Mais depuis la loi du premier décembre 1790, les biens de l'état ont été déclarés *aliénables*.

C'est donc par l'erreur d'une simple répétition de mots, que les rédacteurs de la loi du 8 novembre 1814 ont parlé d'une réunion *perpétuelle* et *irrévocable* des biens, même immobiliers. En vain, s'attachant à la lettre morte de la loi, dirait-on que ces termes: *incorporation perpétuelle*, excluent l'usufruit, qui est un droit temporaire et accidentel; que l'incorporation s'entend d'un droit réel, de la chose elle-même et non pas du fruit de la chose.

Selon nous, la perpétuité doit s'entendre du détachement de la personne du prince. Ainsi l'union des biens est perpétuelle par son irrévocabilité, à l'égard du prince, mais elle n'est que temporaire par son aliénabilité, à l'égard de l'état.

Le mot *biens* peut-il s'entendre d'un simple *usufruit?*

Sans doute ce n'est pas ainsi que l'ont entendu le ministre des finances et la loi du 15 janvier 1825, sur la liste civile de Charles X, qui n'a pas réuni à l'état l'usufruit des biens délaissés au duc de Bordeaux en nue-propriété. Cependant, d'un côté, la loi du 8 novembre 1814 se sert du mot *biens*, expression générale qui comprend toutes sortes de propriétés; de l'autre, le Code civil entend par *biens*, l'*usufruit* comme le *fonds*. L'usufruit est *aliénable*; l'usufruit est un *démembrement* de la propriété; l'usufruit est *immeuble* par l'objet auquel il s'applique, il est susceptible d'*hypothèque;* il peut se convertir *en argent;* il est une *propriété*, il est un *bien*.

Les motifs politiques de la révolution ont été que le prince pourrait, s'il était trop riche, se passer des autres pouvoirs publics; démolir avec des biens qu'il pourrait vendre, et dont il tirerait un immense capital, la constitution de l'état; laisser dilapider ses domaines, qu'il ne pourrait plus surveiller; se servir de leurs revenus pour corrompre les fonctionnaires, les juges et les grands corps de l'état; chercher à accroître sa fortune particulière aux dépens de la fortune publique; consacrer à l'entretien, à la réparation, à l'embellissement, à l'augmentation de ses biens privés, les fonds de la liste civile et les revenus de la dotation, destinés à l'entretien des domaines de la couronne et aux dépenses de sa représentation; composer, sans l'intervention politique de l'état, un domaine énorme pour chacun de ses enfants, par les entraînements de tendresse si naturels aux pères de famille; substituer enfin l'homme au prince et le père au roi.

VI. — « Le roi aura-t-il un domaine privé? »

Les partisans du domaine privé disent :

La loi du 1er décembre 1790, le sénatus-consulte du 30 janvier 1810, et la loi du 8 novembre 1814, autorisaient le domaine privé.

Le roi a deux qualités : comme fonctionnaire, il jouit d'une liste civile et d'une dotation; comme citoyen, il doit pouvoir acquérir, jouir et disposer selon les conditions et dans les limites du Code. Ne peut-il être un pouvoir dans l'ordre politique, sans être un paria dans l'ordre civil? Ne vaut-il pas mieux qu'il acquière que d'amasser et de dissiper ses revenus ? Ne vaut-il pas mieux qu'il dote lui-même ses filles que de les faire doter par l'état ? Réunir à l'état les biens qu'il possédait, n'est-ce pas le frapper de confiscation, lui seul, entre tous les Français ? Lui interdire de disposer par testament, n'est-ce pas le priver d'une faculté que la loi accorde au moindre des citoyens ? L'affranchir des prohibitions du Code civil, n'est-ce pas lui permettre d'avantager un de ses enfants aux dépens des autres, et blesser ainsi le droit des tiers, sans nécessité et sans justice ?

Je répondrai qu'en montant sur le trône, le prince change de fortune, de nom, de mode, d'existence ; il se transforme ; il cesse d'être une personne, il devient un pouvoir : il n'est plus citoyen, il est roi. Son travail c'est de régner ; son bien, c'est la liste civile ; sa famille, c'est la nation.

S'il avait de trop grands immeubles, l'état souffrirait à la fois, et de leur concentration et de leur dilapidation. S'il était trop riche, il pourrait corrompre une législation vénale, soudoyer la presse ou l'amortir ; si le revenu des biens privés, qui lui adviendraient par héritage ou par acquisition, excédait toute mesure, les chambres ne pourraient pas réduire proportionnellement la liste civile, qui est votée pour la durée du règne ; en un mot, il ne faut pas trop distinguer le prince du citoyen, de peur que le citoyen n'absorbe le prince.

Mais on dit : Si le roi ne peut acquérir et posséder au soleil, il acquerra et possédera à l'ombre. Il thésaurisera, et les espèces ne seront pas versées dans la circulation. Il placera dans des fonds étrangers et l'argent de France sortira de France. Il achètera, pour ses fils ou ses filles, sous des noms supposés, parce qu'il faut bien que l'amour paternel trouve quelque part une issue; et l'état se verra obligé de doter ses fils et ses filles, riches en réalité, pauvres en apparence. Le remède, quel est-il ?

Le remède ? Il est simple. Donnez de la liste civile juste ce qu'il faut pour que le roi puisse vivre avec dignité et non avec mollesse; jouir des munificences de la nation et non altérer ses libertés; dépenser, et non thésauriser. Faites que l'argent de la police ou des jeux, ou de toute autre sentine impure, ne passe point, pour les souiller, dans les mains du prince.

Alors vous n'aurez guère à craindre ni les fraudes de la loi, ni les contre-lettres, ni les placements clandestins, ni les suppositions de noms, ni les accumulations de capitaux, ni les exportations de numéraire, ni toutes

(*) A défaut de domaine privé, et s'il n'y a suffisance, s'entend.

les ruses de la cupidité stimulée par la prohibition.

Il ne faut pas que le sort de ses enfants inquiète le roi, la France s'en charge (*).

VII. — « S'il n'y avait de domaine privé, « que les biens donnés en nue-propriété, le « 6 août 1830, est-ce l'état ou les enfants « de Louis-Philippe qui les recueilleraient? »

Si la loi annulait la donation, elle confisquerait la nue-propriété sur les enfants au profit de l'état.

Si elle éteignait l'usufruit, elle investirait les enfants des biens immeubles du père; elle romprait un contrat, et elle manquerait ainsi à la fois à son but politique, aux intérêts de l'état, et aux prévisions du père de famille.

Mais comme l'usufruit appartient rigoureusement à l'état, d'après l'art. 6 de la loi du 1er décembre 1790 et l'art. 20 de la loi du 8 novembre 1814, quel inconvénient y aurait-il à la réunir à la dotation de la couronne, qui n'est elle-même qu'un usufruit, sauf à précompter le revenu de cet usufruit, sur le montant de la liste civile? aucun.

De la sorte, on maintiendrait le principe de la dévolution, les stipulations du contrat, les convenances du donateur et les limites du chiffre.

VIII. — « Y aura-t-il un domaine extraordinaire? »

Je retrancherais l'article, parce que la

supposition d'un domaine extraordinaire est injurieuse, étant impossible. En effet, le roi-citoyen n'a pas et n'aura pas un seul garde du corps ; il ne paie pas et il ne paiera pas de ses propres deniers un seul soldat. Les armées ne sont plus les armées du roi, mais les armées de la nation : le sang de la France n'appartient plus qu'à la France; les conquêtes de la France ne seront plus que celles de la France; les domaines de l'état ne tomberont jamais dans la fortune privée d'un homme, quel qu'il soit. Si quelque ministre courtisan volait les fruits de la guerre ou les propriétés de la nation, pour en composer à son maître un domaine extraordinaire, il serait accusable à la fois de trahison et de concussion. Ainsi, la responsabilité des ministres inutilise l'article : rayons-le donc.

IX. — « En thèse générale, les apanages « subsistent-ils ?

« L'apanage d'Orléans ressuscité par la loi « du 25 janvier 1825, n'est-il pas éteint par « l'avènement de Louis-Philippe ?

« Doit-il renaître dans la personne de l'hé- « ritier présomptif ? »

1° Les apanages sont la constitution alimentaire des branches cadettes. Ils s'éteignent lorsque la branche cadette arrive à la couronne.

Dans le premier cas, c'était le roi qui dotait ses parents.

Dans le second cas, c'est l'état qui dote le roi et ses enfants.

Les lois de la révolution ont supprimé les apanages immobiliers, parce qu'elles supprimaient les majorats; parce qu'elles consacraient le principe de l'aliénabilité du domaine; parce qu'elles voulaient restituer à la mobilisation et à la division les grands biens frappés de substitution et d'inaliénabilité par la nature et l'objet de leur constitution même.

2° C'est au domaine de l'état, dont l'apanage d'Orléans était un démembrement, que le retour légal doit s'opérer, et non à la dotation de la couronne.

Ainsi, il faut d'abord reconnaître, en principe, la dévolution nationale de l'apanage d'Orléans.

Si ensuite, au lieu de l'aliéner, pour diminuer la masse des biens morts, on le réunit, quant à la jouissance, à la dotation déjà trop considérable de la couronne, il n'en aura pas moins perdu sa nature apanagère, et la liste civile, dont ses ressources accroîtront le chiffre, devra être diminuée d'autant.

3° L'apanage ne doit pas renaître entre les mains du duc d'Orléans,

Parce que les lois constitutionnelles de la révolution, un moment suspendues par la faveur, ont aboli les apanages réels;

Parce que l'apanage d'Orléans, par l'avènement de la branche cadette au trône, a fait irrévocablement retour au domaine de l'état;

Parce que l'apanage ne devait se confondre avec la dotation de la couronne que dans la prévision de la permanence de cette dotation;

Parce que, selon que le roi aurait des enfants mineurs ou majeurs, mariés ou célibataires, garçons ou filles, vivants ou décédés, la liste civile, par une fluctuation bizarre, aurait tour à tour et tantôt trois millions de moins, et tour à tour et tantôt trois millions de plus;

Parce qu'un apanage de trois millions est un fardeau trop lourd pour un prince de vingt ans, élevé dans la simplicité du collége et dans les mœurs d'un citoyen;

Parce que l'histoire de l'antique monarchie, et même de la restauration, fait voir que l'héritier présomptif doit rester dans la dépendance étroite du roi, et surtout un fils de son père. Nous avons eu assez de cours de collatéraux, assez de conspirations de camarillas, assez de corruptions secrètes qui ont jeté le trouble dans l'ancienne France, dans le gouvernement constitutionnel et dans les chambres.

Le roi est sacré, parce qu'il est plus qu'une personne: il est un pouvoir. Toute personne qui n'est pas le roi n'est qu'un simple citoyen, même l'héritier présomptif.

Nous ne verrons plus, nous l'espérons du moins, se reconstituer ces fastueuses maisons de princes et de princesses, qui seraient une véritable anomalie avec la révolution de juillet, disons plus, un scandale, et qui affaibliraient la confiance et le respect des peuples pour la nouvelle dynastie : c'est de sa simplicité, de sa modestie, que la famille royale doit tirer son éclat, et, en vérité, j'ai beau me creuser monarchiquement la tête, je ne crois pas que la Charte de 1830, ou toute autre, fût en danger de mort, parce que M. le duc d'Orléans ne serait pas tout-à-fait aussi riche que M. le comte Roy ou que M. le baron Rothschild.

X. — « Les récompenses stipulées pour « améliorations, dans les actes constitutifs de « l'apanage d'Orléans, et dont le roi a fait le « délaissement à ses enfants par l'acte de do- « nation du 6 août 1830, peuvent-elles être « répétées aujourd'hui même? »

Il faut distinguer :

Les indemnités d'amélioration qui seraient antérieures à la révolution de 1793 ne peuvent être répétées, parce qu'il y a eu confusion dans la personne de l'état qui, pendant l'émigration de l'apanagiste, représentait à la fois le créancier et le débiteur. L'effet de cette confusion a été maintenu envers les émigrés, relativement à leurs créances sur l'état, soit par les lois générales et spéciales de la révolution et de la restauration elle-même, soit par la jurisprudence invariable du conseil-d'état, soit par les arrêts de la cour de cassation.

De plus, ces indemnités constituaient une créance sur le trésor, qui prenait ouverture le jour même où l'apanage prenait fin. A la vérité, l'action, par force majeure, n'a pu être exercée en temps utile; mais le droit lui-même, malgré l'exercice possible de l'action, se serait trouvé périmé; car la déchéance la plus universelle, la plus absolue, la plus irrévocable, a été prononcée par toutes les lois de finances qui, depuis 1810, se sont succédées et confirmées, contre toutes les créances sur l'état, antérieures au 1er vendémiaire an 9, quels que fussent leur origine, leur nature, leur légitimité, leur titre et leur porteur.

Si donc la créance dont il s'agit échappait à la confusion, ce serait pour retomber dans les liens de la déchéance.

L'une et l'autre de ces exceptions atteignent à la fois l'action et le droit.

Quant aux améliorations qui se seraient effectuées pendant la main-mise nationale, c'est au profit de l'état seul et contre l'apanagiste, que pourraient s'exercer les répétitions.

Restent les améliorations de l'apanage, postérieures à 1814.

Inutile de rechercher si l'action apanagère en indemnité, n'a pas revécu par la force de la loi du 15 janvier 1825.

L'équité, à défaut de stipulation, exigerait que l'état, dès qu'on ne peut opposer ni confusion ni déchéance, ne rentrât point dans la pleine propriété de l'apanage, sans faire compte des augmentations de consistance ou de valeur. La prévision de ces récompenses engageait l'usufruitier à mieux entretenir, à embellir, à améliorer et à accroître l'apanage. La stipulation était sage, et l'indemnité est due. Mais à quelle époque s'ouvrira-t-elle?

Au décès du roi. En effet, si le roi conserve l'usufruit de l'apanage, il jouirait du capital de l'indemnité liquidée, indemnité presque exclusivement afférente au Palais-Royal.

Or, il est évident que le roi ne peut cumuler dans ses mains l'usufruit de la chose améliorée et l'usufruit du prix d'amélioration.

D'où il suit que l'action des enfants donataires ne peut s'ouvrir qu'au décès du donateur, c'est-à-dire à l'instant ou l'usufruit se consolidera dans leurs mains à la nue-propriété.

Si, comme il le paraît, la donation du 6 août 1830 comprenait des actions éventuelles sur le trésor, en répétition des créances antérieures à l'an 9, il est bon d'avertir les donataires ou leurs tuteurs, que l'action est prescrite et le droit nul.

XI.—« La loi sur l'établissement de la liste « civile doit-elle porter que l'état dotera le « prince royal et les puînés? » (*)

(*) L'art. 16 de la loi du 1er déc. 1790, portait : « Il ne sera concédé, à l'avenir, aucun apanage *réel.* » La Charte de 1814, la loi du 18 novembre 1814, et la Charte

En thèse;

La loi actuelle ne doit pas régler ce qui touche, soit un autre règne, soit d'autres personnes que le roi.

Cette autre loi, s'il nous était permis d'en enseigner l'esprit et les dispositions, devrait poser en principe, comme conséquence à la fois de l'abolition du domaine privé et des apanages immobiliers, que l'état dote les enfants du roi; et secondement, que les apanages immobiliers ne pourront jamais, sous aucun prétexte, être rétablis.

Cette loi devra veiller à ce que la substitution des apanages ne jette point de trop grands biens dans la main-morte, à ce que la construction de trop grosses fortunes ne blesse pas l'égalité des autres citoyens, et à ce que des maisons et des camarillas princières ne troublent pas l'harmonie des pouvoirs constitutionnels et le repos de l'état.

Il faut que la dotation en argent du prince royal et des puînés soit suffisante mais modeste, comme il convient à des citoyens d'un état libre. Il faut, puisque la Charte n'alloue de liste civile permanente qu'au roi seul, que cette dotation soit votée annuellement par les

de 1830, n'ont point abrogé cette sage disposition. Aux termes du même article 16, les puînés devaient être élevés et entretenus aux dépens de la liste civile, jusqu'à *leur mariage* ou jusqu'à ce qu'ils eussent atteint l'âge de 25 *ans* accomplis.

chambres, de même que tous les autres services publics, de même que les dépenses les plus sacrées du trésor, afin que les princes soient retenus sans cesse, par l'annualité de ce vote, sous l'obéissance du roi et de la nation.

XII. — « Le service de la caisse de vétérance, et son inscription de rente sur l'état, « de 176,000 fr. de rente, doivent-ils passer « à la nouvelle liste civile. »

La liste nouvelle ne demandait pas mieux que de se charger des vétérans, moyennant un million annuel de plus, pendant la durée du règne, et indépendamment des 176,000 fr. de rente en caisse.

Je le crois bien. Les vétérans meurent l'un après l'autre, mais le précieux million ne meurt pas; mais les 176,000 fr. de rente sont bons à prendre, et surtout à garder. En sorte qu'à chaque pensionnaire qui s'en va dans l'autre monde, ce serait tout gain pour la couronne. Par suite des extinctions et des révisions, au bout de peu d'années, un actif de plus, tout service fait, s'ajouterait au chiffre déjà si énorme de la liste civile.

Ainsi, lorsqu'on demande à servir les pensions, on fait semblant de pleurer d'un œil pour les vétérans qui repoussent votre sensibilité et vos offres, et l'on rit de l'autre œil pour la liste civile, qui y trouve son profit.

Voilà le fond du calcul : de l'argent, de l'argent !

XIII. — « De quel jour doit partir la liste « civile, et de quels éléments se composera « la liquidation de l'arriéré ? »

La question se résout par les termes de l'article 19 de la Charte. Si la liste civile est votée pour toute la durée du règne, c'est au premier jour du règne qu'elle doit commencer à courir. Sa fixation, même postérieure, remonte à ce jour, comme tous les actes déclaratifs.

Il suit de là que la liquidation doit comprendre deux portions, l'une en nature, l'autre en argent.

L'actif de la dotation immobilière doit se compenser avec le passif, tant du personnel, que du matériel au grand complet de réparation ordinaire et extraordinaire, et non pas à l'état du simple entretien. L'excédant du revenu sur la dépense serait remis au roi, si la dotation intégrale entre dans la composition de la liste civile.

Le bilan de la dotation en argent est facile à dresser. Si la somme annuelle à prélever sur le trésor était fixée à 20 millions, le roi, qui n'en a reçu que 18, devrait toucher deux millions d'arriéré. Si, au contraire, la fixation était de 10, le roi devrait remettre huit millions au trésor. Ainsi, soit qu'il y ait excédant ou déficit, c'est une simple règle de compensation à appliquer.

Pour donner cette solution, si favorable à Louis-Philippe, il faut s'attacher rigoureusement au texte de la Charte; c'est une solution de droit strict.

Car si l'on donnait une solution d'équité, alors, au lieu d'un décompte de chiffre, on ferait un compte de clerc à maître. On dirait au trésorier de Louis-Philippe : « Votre maître n'avait pas de cour, pas de maison montée, pas de représentation royale, et, indépendamment de ses immenses revenus personnels, vous avez reçu 18 millions par an. Maintenant, voyons : quelles ont été vos dépenses? Jamais prince plus économe n'a tenu des registres plus réguliers; ouvrez-les. Tant pour son entretien et celui de sa femme et de ses enfants, tant pour sa table, tant pour ses chevaux et équipages, domestiques, chauffage, éclairage, voyages, frais de maison et charités. Le voici; rendez le reste. »

Si quelque soldat, amputé des deux jambes sur le champ de bataille, en défendant glorieusement sa patrie, avait touché 20 fr. au-delà de sa petite pension, ne serait-il pas poursuivi par le fisc en restitution de cette somme? Comment se ferait-il donc que le roi ne fût pas tenu de restituer ce qu'il a touché, depuis dix-huit mois, en excédant de la liste civile votée pour toute la durée du règne?

Est-ce qu'entre les soldats et les rois, la justice aurait par hasard deux poids et deux mesures? Est-ce que les députés de la France ont été envoyés à la chambre par les pauvres contribuables, non pour voter des dépenses nécessaires, mais pour faire des cadeaux aux riches! Si c'était ainsi que nous dussions faire les affaires du peuple, autant valait rester chez nous.

D'ailleurs, tous frais faits, en argent, billets ou valeurs de banque, n'auriez-vous donc plus rien dans vos coffres? regardez-y-bien.

Ces questions ne laisseraient pas que d'être embarrassantes. Mais, pour couper court, tenons-nous-en au texte de la Charte, et décomptons.

XIV.—« Quels sont le caractère et les effets » de la main-mise du monarque sur les biens » de l'ancienne dotation de la couronne, pen- » dant l'intérimat de la liste civile? »

Les châteaux dits royaux sont aujourd'hui la propriété de l'état et pas encore biens de la couronne.

L'article 19 de la Charte ne parle que d'une liste civile, c'est-à-dire d'une somme annuelle.

La loi du 8 octobre 1814 distingue également, dans son préambule et dans ses dispositions, la dotation de la liste.

Le roi règne et il n'administre pas.

Les biens de l'état sont sous la surveillance,

la gestion et la responsabilité du ministre des finances.

De ces principes combinés, il suit :

1° Que le roi n'a pu nommer, sans contre-seing ministériel, les administrateurs des biens de l'ancienne dotation.

2° Qu'il n'a pu toucher et s'appliquer personnellement aucuns fruits de ces biens en nature, rentes, loyers ou argent, en un mot aucun excédant, s'il y en a eu, de la recette sur la dépense.

3° Qu'il ne pouvait régulièrement, avant la fixation de la liste civile, prendre, lui roi électif, possession de Saint-Cloud et des Tuileries, pas plus qu'il ne pouvait occuper le palais de Justice, le palais Bourbon et le palais du Luxembourg, qui sont, comme les Tuileries et Saint Cloud, des propriétés de l'état.

4° Que les secours aux employés supprimés et pensionnaires de la liste civile n'ont pu être accordés au nom du roi, mais au nom de l'état; que ce n'est qu'en ce dernier nom qu'on a dû payer les employés actuels, percevoir les fruits, ordonner les réparations.

5° Que l'intendant du château aurait excédé ses pouvoirs, s'il avait prescrit de son chef, à ses architectes et ouvriers, de déplacer les statues, de renverser les grilles, de couper par des tranchées profondes la terrasse longitudinale des Tuileries; que le ministre des finances, gardien des biens de l'état, aurait véhémentement compromis sa responsabilité en n'arrêtant pas ces entreprises, de même que le ministre des travaux publics ou les préfets de la Seine et de la police manqueraient à leurs devoirs, s'ils souffraient qu'il prît fantaisie aux agents du roi d'intercepter, par des fossés, les abords du Pont-Royal et du Pont-Neuf.

Si le ministre des finances tolérait que, qui que ce soit, mît la main, sans ses ordres et sans son contrôle, sur les domaines de l'état, il ne faudrait plus dire que les ministres sont responsables. Si le roi ne se renfermait pas exactement dans les bornes de son autorité légale, il ne faudrait plus dire que la loi est souveraine.

Je livre ces solutions, qui intéressent l'avenir du trône plus qu'il ne s'en doute, au public, dont le jugement, dans les questions mêlées de politique et de droit, est aussi sûr qu'éclairé.

Il me reste à évaluer, dans une troisième et dernière lettre, l'importance de la liste civile, par des rapprochements, des tableaux et des chiffres. La chambre a fait son devoir, en ordonnant, comme le parlement anglais, l'impression et le dépôt de tous les documents que nous avons demandés. C'est à la presse à faire le sien, c'est à la presse à défendre l'argent des pauvres contre les paroles enchantées de la cour ; c'est à la presse à secouer, sur l'ombre dont le ministère s'enveloppe, les rayons de la publicité.

LETTRES

SUR

LA LISTE CIVILE.

(Troisième.)

— 1832 —

Si l'on me demandait : « Combien Paul, « conseiller d'état ou président de cour « royale, doit-il dépenser par an, pour tenir « sa maison sur un respectable pied de cui- « sine, de logement, de voiture et d'entre- « tien ? » Je dirais, en comparant l'état de Paul au mien : Telle somme peut lui suffire, et je ne me tromperais guère.

Si je montais jusqu'aux ministres, mes appréciations pourraient faillir un peu plus; mais lorsqu'il faut calculer les dépenses d'un roi, c'est alors que les évaluations manquent tout à fait; car comment, de près ou de loin, se comparer à un roi ?

J'interrogerai donc le roi lui-même pour savoir ce qu'il veut nous coûter ? Non, je suis trop respectueux et peut-être pas assez en faveur pour cela, mais je demanderai à son ministre, à M. Barthe, par exemple, qui est venu dans le sein de la commission nous trouver de sa part, si l'on ne pourrait pas nous procurer, pour asseoir nos calculs, des évaluations sommaires, un tableau des dépenses présumées, des têtes de chapitres de services, du moins. Là-dessus, il ne faut pas que le ministre, homme fort distrait, qui, dans ce moment là, songeait à toute autre chose qu'à ma demande, vienne me répondre que le jury doit être composé de telle ou telle façon, ou que le suffrage universel, en fait de municipalités, ne vaut rien; car je n'aperçois pas trop, logiquement parlant, ce que le jury et le suffrage universel ont à voir dans cette affaire. Il n'aurait pas fallu non plus que M. Barthe ajoutât qu'un pareil tableau n'était pas facile à dresser; car cela était tellement possible que cela a été fait, puisque les agents du roi nous ont fourni, l'an dernier, un canevas des dépenses, qui a été redemandé, remanié, recommuniqué et repris.

Mais pourquoi donc refuser aujourd'hui ce qu'on offrait hier? Est-ce que la liste civile ne constitue pas un service public? est-ce que nous autres bourgeois, nous pouvons calculer la dépense d'un roi? est-ce que les mandataires de la nation peuvent lâcher l'argent de la nation, n'importe à qui, sans savoir où cet argent-là passe? est-ce que le roi des Français ne pourrait pas, sans déroger, se comporter comme le roi d'Angleterre, et la chambre des députés comme la chambre des communes? Or, le roi d'Angleterre, à chaque avénement, ordonne à ses grands-officiers de présenter au parlement tous les comptes des dépenses du règne expiré, et le parlement en ordonne à son tour le dépôt, l'impression et la publication.

Il règne dans l'exposition de ces comptes une clarté, un ordre, un détail admirables. Ce sont cependant des comptes de cuisinière, et j'ai beau voir d'ici un sourire dédaigneux pincer les lèvres de nos courtisans; oui, Messieurs, ce sont des comptes de cuisinière, et vous allez bien vous moquer en lisant l'extrait suivant, où l'on trouve ce que le roi d'Angleterre a dépensé pendant l'année 1820, par exemple, en pain, viande, légumes, beurre, fromage, lait, bière, etc.

Livre de cuisine d'un roi gentilhomme.

Pain.	35,550 fr.
Beurre, lard, fromage et œufs . .	60,075
Légumes	7,675
Viande de boucherie	144,625
Volailles	86,675
Poissons	44,200
Ale et bière	62,275
Chandelles.	24,275
Epiceries	60,350
Huile	37,950
Fruits et confitures	15,550

Lait et crême	17,950
Lampes.	175,750
Blanchissage du linge de table . .	42,550
Charbon	179,850
Papier	15,700
Coutellerie, chaudrons, etc. . .	9,175
Porcelaine, faïence et verre . . .	41,025
Linge	80,425
Gages des domestiques.	77,775
Indemnité pour beurre de table .	15,200
Salaire des domestiques extrà . .	33,850

J'ajouterai, pour faire rire nos courtisans français à gorge déployée, que le grand chambellan d'Angleterre a la simplicité de donner aux commissaires du parlement le nom de chaque fournisseur, année par année, avec la nature des marchandises et le prix des factures acquittées.

Ainsi, on voit qu'en 1829, par exemple, il a été dépensé :

En draps.	364 l.	7 sh.	
En chapelleries	35	1	
En blanchissage	1,812	13	5

On voit pareillement figurer sur cet état, imprimé avec les détails les plus exacts et les plus minutieux, les mémoires des tailleurs, des merciers, des tapissiers, des bonnetiers, des gantiers, des opticiens, des graveurs, des menuisiers, des lingères, des modistes, des couturières, des cardeurs de matelas, des colleurs de papiers, des apothicaires et des ramoneurs.

Cela est bien bourgeois, n'est-ce pas M. Barthe? Cela est tout à fait risible, et, pour parler comme l'un de vos orateurs, c'est là un sale détail. Conçoit-on, en effet, qu'un chambellan d'Angleterre, un lord qui a plusieurs millions de rentes, un véritable grand seigneur, s'abaisse à dresser des comptes beaucoup plus exacts, beaucoup plus spéciaux, et par conséquent beaucoup meilleurs que ceux des ministres responsables du roi-citoyen? Que cela est ignoble! Il est évident que les Anglais, comme le repètent tous les jours nos faiseurs du trésor, n'entendent absolument rien à la comptabilité et aux conditions essentielles du gouvernement représentatif.

Cependant vous avez encore, Ministres, un progrès à faire en matière de comptabilité : c'est de nous présenter en blanc le chiffre de votre traitement. Vous nous direz : Faites messieurs, faites pour nous, comme pour le roi. Vous donnerez à admirer votre désintéressement par la majorité de la chambre, dont tout le monde sait que vous ne *disposez pas*, et en résultat, vous n'y perdrez rien, je vous assure; car lexpédient est productif.

Sommes-nous crédules, nous autres bourgeois de Paris! A peine eut-on remis les pavés des baricades, chacun dans son trou, que nous nous dîmes, en nous frottant les mains; « —Enfin nous allons donc posséder un gouvernement à bon marché ! Ce sera une chose bien curieuse à voir, car elle est rare. »

«Sans doute, disions-nous, nous n'exigerons pas que notre roi ait la simplicité ridicule du président des Etats-Unis, qui, dans un pays assez riche pour n'avoir point de dettes, se contente de prélever sur le trésor une somme de 125,000 fr.; il nous faut absolument, à nous qui ne savons comment payer nos dettes, un roi qui ait cinquante fois plus de fortune que le chef glorieux de cette puissante république, quoiqu'il n'ait pas un pouvoir cinquante fois plus grand. Ce roi tout-à-fait désintéressé, nous le trouvons dans Louis-Philippe. Quelles dépenses pourrait donc faire un prince qui n'a ni chiens, ni chevaux, ni spectacles, ni chambellans, ni confesseur, ni maîtresses? Celui-là ne nous coûtera rien. Ah ! ce n'est pas lui qui nous demandera une obole de plus avec ses 5 millions de revenu net. Il se contente de si peu ! Allons-nous être heureux d'avo r enfin un roi bourgeois !

Bourgeois tant que vous voudrez ! ce n'est pas là la question. Il ne s'agit pas de savoir ce qu'il est, mais ce que nous lui donnons, nous commissaires de la liste civile, chargés de faire, dans ce festin splendide, les honneurs de la nation. D'abord, 12 ou 14 millions à tirer à la courte paille; ensuite 4 millions de revenu, bon an, mal an, en terres et forêts; ensuite, douze beaux palais de ville et des champs avec leurs parcs, eaux et jardins; ensuite, des musées, diamants, bibliothèques et manufactures; ensuite, 32 millions de mobilier; ensuite, 2,559,912 fr. d'apanage; ensuite, un usufruit de 2 millions; ensuite, un million pour le prince royal; ensuite, un douaire pour la reine; ensuite, des dotations pour les princes.

Il est vrai que le fardeau vous paraîtra moins lourd, si vous voulez bien considérer qu'il a été habilement distribué en quatre parties : la dotation de la couronne, le domaine privé, l'apanage et la liste civile; tout est prévu, rien n'y manque.

Il faut encore ajouter, pour compléter l'œuvre, que nous dégrevons la liste civile actuelle des dettes et charges de l'ancienne, pour en reporter obligeamment le poids sur l'état.

Ainsi, le roi n'aura plus ni pensions de 6 millions à payer, ni théâtres, ni maison militaire, ni chambellans dorés, ni vénerie, ni grands et petits écuyers, ni grande et petite aumônerie, ni gouverneurs de châteaux, ni état-major et le reste.

Diminuer les charges et accroître les revenus, il y a là-dedans du génie financier.

Honnêtes et sincères bourgeois, qu'en dites-vous? C'est singulier, je vous trouve tout ébahis.

Mais pour achever de vous réjouir, repassons un peu les détails de votre gouvernement à bon marché!

La dotation de la couronne comprendra les châteaux, les musées, les manufactures, les bois et les fermes.

Les châteaux : c'est le Louvre, les Tuileries, Saint-Cloud, Meudon, Fontainebleau, Compiègne, Trianon, Pau, Strasbourg, l'Elysée, Bordeaux, Versailles.

Comment? Bordeaux et Strasbourg aussi, qui sont à l'extrémité de la France! Eh! sans doute, répondent certains députés. Ne faut-il pas que le roi soit magnifiquement logé lorsqu'il voyage? Si donc Louis-Philippe aimait ses commodités et la truelle, il faudrait, à chaque relai de poste, lui bâtir un château royal! Nous avons bien vu Napoléon, enveloppé de sa capote grise, coucher sur les neiges glorieuses d'Austerlitz; mais un roi bourgeois ne saurait gîter dans une auberge. Où ai-je donc lu que nous étions un peuple de valets?

Nous allons avoir un trésor royal, des forêts royales, des châteaux royaux. Et la nation, Messieurs?

Pourquoi le Louvre, Fontainebleau, Compiègne, Versailles, ne seraient-ils pas des palais nationaux? Ils sont en rapport avec la grandeur de la nation. Ils ne le sont pas avec les modestes proportions d'un prince que 219 députés, ni plus ni moins, ont, dans la séance du 7 août 1830, appelé au trône.

Louis-Philippe ne pouvant les habiter, en sera le gardien et non le possesseur. Alors, autant vaut y mettre un concierge. Laissez Versailles à la couronne, ce sera un hospice de gens de cour, un élégant dépôt de mendicité. Laissez Versailles à la nation, elle placera dans les galeries de riches collections; des écoles normales et des Musées de tableaux, de statues et d'antiquités (*). Elle y accordera une noble hospitalité à ces savants, à ces artistes, à ces hommes de lettres, que, dans ce siècle des capacités, nous avons si judicieusement chassés de nos élections et de nos chambres, parce qu'ils ne possédaient pas quelques terres à froment, ou quelque pignon sur rue, et qu'ils n'avaient reçu de la Providence que les dons célestes de l'intelligence et du génie.

Si les Tuileries avaient été un palais national, on ne verrait pas un architecte défigurer leur majestueuse simplicité, priver le public de ses passages, embarraquer de planches les jardins que la main savante de Lenôtre dessina, arracher de leurs fondements et je-

(*) Il faut toujours dire la vérité et rendre justice à qui elle est due. Louis-Philippe a rempli ce dernier vœu que nous formions alors dans l'intérêt de l'art.

ter dans la poussière, des statues qui avaient prescrit leur nationalité.

Au commencement, c'était le peuple qui avait tout fait. Comme il était grand! Comme on lui serrait les mains! Comme on chantait les chants du peuple! Comme on s'abaissait devant la souveraineté du peuple! Mais nous avons changé tout cela : la souveraineté de la raison, comprenne qui pourra, a remplacé la souveraineté du peuple, on ne se prend plus les mains, et les chants ont cessé.

Nos ministres ont fait retirer tout doucement la nation derrière la toile. En bons et vrais courtisans, ils ont mis le prince sur le premier plan, et comme les temps sont durs, ils ne demandent tout au plus qu'une vingtaine de millions pour lui acheter des oripaux et pour en faire un roi de théâtre.

Des châteaux royaux passons aux fabriques royales.

Le monopole des manufactures royales a été utile dans l'enfance de l'art; mais, comme tant d'autres choses, il a fait son temps.

Il ne faut pas prétendre qu'il n'y a pas ici de monopole; car si vous donnez à une fabrique les bâtiments, les matières premières et l'argent; si elle ne paie aucune imposition, ni foncière, ni des portes et fenêtres, et si vous ne lui interdisez pas de vendre ses produits, vous direz tout ce que vous voudrez, mais il y aura monopole.

Si ces fabriques sont purement industrielles, pourquoi ne les laissez-vous pas à l'industrie? Si elles constituent des écoles savantes, pourquoi ne pas les remettre au ministre de l'intérieur? — Mais le ministre pourrait les supprimer! —C'est qu'alors elles seront inutiles. —Mais les chambres ne voteraient pas de fonds!—C'est qu'il n'y aura pas nécessité d'en voter. Comment! parce qu'un abus pourrait être détruit par la législature annuelle, il faudra l'encastrer dans la liste civile de manière qu'il ne puisse pas en sortir! Parce qu'un chancre dévorera le budget, il ne faudra pas que la chambre l'en guérisse! les belles raisons!

On meuble aujourd'hui les châteaux royaux avec des papiers veloutés d'or et d'azur et de brillantes draperies de soie. Les lourdes tapisseries des Gobelins sont reléguées dans les garde-meubles; —Mais on les envoie en présent au Grand-Turc! — Eh bien! on lui enverra autre chose: ce n'est pas pour le Grand-Turc que nous votons une liste civile.

Pourquoi ne pas aussi livrer au monopole royal l'imprimerie et l'horlogerie? C'est que l'art ingénieux des Bréguet et des Didot a surpassé les œuvres stationnaires du monopole. Il en est de même du reste.

Quelle nécessité de faire ouvrer par les fabricants du monopole des tapis à 1,000 fr. le mètre carré? Cela est beau à voir, c'est vrai, mais cela coûte. Versailles aussi est beau à voir; mais faut-il bâtir un autre Versailles ? (*)

Avec de l'argent, on fait éclore, sous les serres chaudes, des ananas et des roses au sein des plus rudes hivers; mais avec cet argent-là on achèterait du pain pour les pauvres. Lequel vaut mieux ?

Le peuple n'a pas seulement des nattes de paille; il grelotte de froid sur le carreau nu, et il faudra mettre sous les pieds des courtisans des tapis doux et soyeux, bigarrés de fleurs vives et de paysages (**).

(*) Versailles a été construit en vingt-sept années. Il a coûté 187,078,537 livres 13 sols 2 deniers. Voici quelques détails : Maçonnerie, 142,372 liv. Charpenterie, 5,107,376 liv. Couvertures, 1,437,359 liv. Plomberie, 9,116,154 liv. Menuiserie, 5,332,844 liv. Serrurerie, 45,780 liv. Vitrerie, 601,757 liv. Glaces, 443,262 liv., Peintures et dorures, 3,352,573 liv. Sculptures, 5,392,140 liv. Marbrerie, 10,087,004 liv. Etoffes d'or et d'argent, 2,151,346 liv. Ouvrages d'argenterie 6,491,518 liv. Cristaux, agathes, 1,112,138 liv. Honoraires des architectes 2,000,000 liv. Et Versailles a ruiné Louis XIV, et Versailles a englouti le reste de nos libertés, et nous avons une chambre de profonds économistes qui, au 19e siècle, qui, après la révolution de juillet, qui, en présence de la misère des contribuables, prétendent qu'il faut achever le Louvre et que des entassements de pierres les unes sur les autres font le bonheur du peuple et la gloire d'un roi citoyen ! *Proh pudor !*

(**) « 24,000 personnes inscrites sur les contrôles du XIIe arrondissement de Paris, manquent de pain et de

Pourquoi donc aussi monopoliser, entre les mains du roi, l'art de frapper des médailles? Si je veux avoir la vénérable figure de Lafayette, je la fais graver sur une pierre, et je ne puis l'avoir en métal sans la permission d'un courtisan? Qu'est-ce donc qu'une médaille? c'est un lithographie en bronze. Je demande si ce n'est pas là du monopole tout pur.

Ne s'avise-t-on pas aussi de vouloir faire du roi un entrepreneur des beaux-arts?

Lorsque la souveraineté du peuple est la base d'un gouvernement, il faut que tout découle de ce principe. Il faut que tout respire en quelque sorte les émanations de la grandeur nationale.

Pourquoi le Louvre avec ses tableaux et ses statues ne resterait-il pas entre les mains de la nation? Pourquoi ne ferait-on pas cesser cette usurpation de Napoléon, continuée par Louis XVIII? Encore, Napoléon gardait lui-même le fruit de ses magnifiques conquêtes, et si l'infidélité de la victoire ne nous les eût pas ravies, il n'y a que la nation qui eût été digne d'en hériter.

« vêtements. Beaucoup sollicitent comme une faveur « quelques bottes de paille pour se coucher.

« 1 fr. suffirait pour empêcher plusieurs enfants d'al- « ler pieds nus pendant la mauvaise saison, et 50 fr. « suffiraient pour arracher plusieurs familles aux hor- « reurs et peut-être au désespoir de la misère. (*Circu- « laire du bureau de bienfaisance du 12e arrondis- « sement, 1er janvier 1832*).

Pourquoi donc l'artiste irait-il tendre la main à quelque courtisan, et ployer les genoux devant lui, pour en recevoir un dédaigneux secours? Est-ce ainsi que l'on comprend la dignité des artistes et leur fière indépendance? Seront-ils au milieu de leurs concitoyens, attachés, comme des ilotes, à la glèbe de la cour? — Mais qui donc achèterait les statues et les grands tableaux! — Qui donc? la nation.

La nation, lorsqu'elle achète, garde et jouit. La nation a un ministre responsable qui conserve les chefs-d'œuvre auxquels elle attache noblement ses plaisirs et sa gloire. La nation n'a chargé personne de communiquer aux artistes ses inspirations et ses récompenses. La nation n'a pas besoin qu'on la représente, c'est-à-dire qu'on l'efface par une personnification empruntée. La nation est assez grande, assez glorieuse, assez intelligente pour se représenter elle-même, et pour remplir les plus vastes palais de sa propre majesté. La nation n'a pas de domaine privé, où s'enfouissent les statues et les tableaux achetés avec son or. La nation ne souffrirait pas que ses mandataires votassent, pour l'inutile et ruineux achèvement du Louvre, travail de vaine gloire, des sommes énormes qui seraient si bien employées à construire des routes, des ponts, des canaux, des halles, des théâtres, et qui consoleraient la France intellectuelle et sensible, en ranimant le génie des arts, si languissant dans nos provinces.

Enfin, si vous ôtiez au roi les terres et les fermes de la dotation, vous les restitueriez au commerce, à la mobilisation et à l'impôt, et vous diminueriez, en même temps, les écritures et les frais de l'intendance.

Si vous ôtiez au roi les bois de la dotation, vous les restitueriez aux agents forestiers de l'état, qui les régiraient avec plus d'habileté et de profit. — C'est une fausse idée d'économie politique de s'imaginer que la possession royale de ces vastes domaines importe à la richesse et au bien-être des localités.

Voyez aussi, disait-on, le propriétaire de ce château féodal! Il nourrit les pauvres, il répand ses bienfaits sur tous les habitants du village dont les terres lui appartiennent. Il est leur seconde providence.

Eh bien, ce château a été vendu; le parc s'est converti en chenevière, les allées portent des céréales. Les habitants qui vivaient d'aumônes, vivent de leur travail. La richesse territoriale a décuplé. L'abondance est là où était la misère. Chaque villageois est devenu propriétaire. Il paie l'impôt, il est citoyen, il aime mieux son pays.

Je conclus donc qu'il ne faut laisser à la couronne, ni tant de châteaux, ni les manufactures, ni les musées, ni les fermes et terres, ni les forêts.

Après avoir nettoyé la dotation, entrons dans les spécialités de la liste civile.

Ici, il faut se garder des confusions de gouvernements, de temps, de mœurs, de pays et de souverains, qui amèneraient bientôt des erreurs de chiffre.

Ainsi, il ne faut pas dire : Charles X coûtait au trésor 30 millions; Louis-Philippe ne lui en coûtera que 15. Donc, c'est 15 millions de gagnés. Je dis que ce n'est pas ainsi qu'on doit poser la question. Il faut voir ce que Charles X dépensait follement et ce que Louis-Philippe doit dépenser sagement. Voilà la thèse.

Il ne faut pas dire, non plus, que le montant de la liste civile, réparti sur chaque habitant donne, par exemple, en Angleterre, 1 fr. 3 c. par tête; en Bavière, 19 c., et en France, 16 c.; pour en conclure que nous devons grandement nous réjouir de ce que l'on veut bien nous débarrasser de notre argent, et que nous sommes, en vérité, trop heureux d'en être quittes à si bon marché.

C'est mal raisonner : en effet, on pourrait tirer la même conséquence de toute nouvelle dépense de 33 millions; ce n'est, après tout, dira-t-on, que 1 fr. par tête. Ne voilà-t-il pas de quoi se plaindre? Qui ne donnerait 1 fr. par tête? Mais, si le pauvre artisan ou laboureur a déjà sur les bras son vieux père, sa femme et ses nombreux enfants, et que vous lui demandiez 1 fr. par-ci et 1 fr. par-là, par chaque tête, ce sera 8 ou 10 fr. pour une seule dépense; puis, autant pour telle autre, et, en définitive, il ne pourra plus payer. C'est ce qui n'est pas encore arrivé, mais c'est ce qui ne tardera guère, au train ruineux dont nous y allons. D'ailleurs, n'oublie-t-on point que le pauvre verse dans l'impôt indirect une plus forte part que le riche?

Toutes ces règles d'équation absolue sont très-injustes, parce qu'elles sont très-inégales. N'entendons-nous pas souvent établir, d'après les tables de mortalité, que, dans la ville de Paris, chaque homme vit tant d'années; mais entre l'homme riche et insoucian- de la Chaussée-d'Antin et le misérable ouvrier de la Cité, rongé de lèpre, il y a la même inégalité en vitalité qu'en jouissances.

Enfin il y a des députés qui, sans s'inquiéter de la dépense effective, disent: Donnons un million par mois, c'est une somme ronde. En effet, pour la symétrie, cela va bien, un million! mais les contribuables aimeraient autant les échancrures.

Et puis, c'est plus tôt fait, ajoutent-ils.

Il est vrai que la France crève de superflu, et qu'elle est si pressée qu'on l'en décharge!

Les comparaisons avec la liste civile des autres chefs de nations ne boîtent pas moins que les équations de nos savants; car si je veux prendre pour l'un des termes de la comparaison le traitement du président des Etats-

Unis, vite on me répond : Monsieur, nous ne sommes pas dans une république.

Et si, à votre tour, vous prétendez comparer Louis-Philippe à Charles X, je vous réponds : Citoyen, nous ne sommes pas dans une monarchie octroyée.

Maintenant, lecteur, je vais mettre sous vos yeux les listes civiles des présidents, des consuls, des empereurs et des rois, et je ne veux que vous aider à tirer vous-mêmes la conclusion.

Je ne parlerai pas du budget accordé à Louis XVI par le décret du 3 juin 1791. Ce budget avait moins pour objet de reconnaître et de constater la réalité des dépenses, que de servir à marquer la transition de la royauté absolue à la royauté constitutionnelle. Ce n'était pas, à proprement parler, un budget, mais une transaction, une espèce de rachat. Nous n'en sommes pas là heureusement : le peuple français fait ses conditions à la royauté, et ne les reçoit plus d'elle.

Il y a assurément moins de distance entre l'empire français et l'empire américain, malgré les espaces de l'immense Océan, qu'entre la liste civile de Louis-Philippe et la liste civile du président des États-Unis.

Car si la liste civile de Louis-Philippe, avec la dotation immobilière, l'apanage et accessoires, monte à près de 25 millions, Louis-Philippe sera, tout juste, deux cents fois plus riche que le président des États-Unis, qui n'a qu'un traitement de 125,000 fr.

Je ne crois pas, après cela, qu'on nous accuse d'une tendance trop fort au républicanisme. Mais, d'un autre côté, il faut convenir que s'il n'y a rien de meilleur au monde qu'un roi, il n'y a rien non plus qui coûte plus cher.

Lorsque le héros de l'Italie prit les rênes du gouvernement consulaire, il recevait un traitement de 500,000 francs, et par conséquent il coûtait, diront nos profonds économistes, 1 c. 1/2 par tête d'habitant. Mais alors les Alpes abaissaient leurs cîmes sous les pas de nos guerriers. Bonaparte, gravait sur des tables d'airain les magnifiques prolégomènes du Code civil; il organisait, de sa main puissante, l'administration, les finances, la guerre et les lois. La France était libre, grande, forte, glorieuse, tranquille au-dedans, respectée au-dehors. Les peuples respiraient et les rois tremblaient. Aujourd'hui; les rois respirent et les peuples tremblent, aujourd'hui, nous entendons dire que la richesse fait la force. — « Bonaparte était-il faible? — Non, mais c'était un autre homme! — J'en conviens.

Mais, repassons la mer, et jetons un coup d'œil sur la liste civile de l'aristocratique Angleterre :

LISTE CIVILE DU ROI D'ANGLETERRE (avril 1831.)

Première classe.

Bourse du roi	1,500,000 f.
Dotation de la reine	1,250,000

Deuxième classe.

Grand-chambellan	50,000
Vice-chambellan	17,500
Pages du tabouret	37,500
Lords de la chambre	250,000
Musique.	75,000
Capitaine des gardes	12,500
Quatre médecins	10,000
Deux chirurgiens.	5,000
Bas-officiers et service d'emplois supprimés	953,100
Maître-d'hôtel	50,000
Trésorier de la couronne	12,500
Contrôleur	12,500
Secrétaire de l'hôtel	18,750
Bas-officiers id.	781,375
Grand-écuyer	62,500
Premiers écuyers et commis . . .	18,750
Quatre écuyers	60,000
Quatre pages d'honneur	20,000
Chirurgien vétérinaire.	7,500
Ecuyers de la couronne	8,750
Bas-officiers, id.	484,125
Grand-maître de la garde-robe . .	21,250

Troisième classe.

Mémoire des fournisseurs . . .	4,287,500
A reporter.	10,006,100

Report.	10,006,100 f.
Quatrième classe.	
Fondations royales	212,500
Aumônes et charités	78,150
Pauvres de Londres	25,000
Dépenses secrètes de l'intérieur .	250,000
Cinquième classe.	
Pensions.	1,875,000
Additions du parlement. . . .	803,250
Total. . . .	13,250,000

Chose curieuse! voilà une liste civile qui ne monte qu'à 13,250,000 francs; dans le pays le plus aristocratique de la terre, dans un pays où il y a des grands seigneurs qui ont plus de deux millions de rentes, dans un pays où il y a des fonctionnaires qui touchent plus de 1,800,000 fr. de traitement, dans un pays où la féodalité politique et nobiliaire entoure le trône de ses priviléges, de son faste et de ses exigences.

Maintenant, ôtez de la liste civile anglaise les traitements féodaux des grand-chambellan, vice-chambellan, page du tabouret, lords de la chambre, grand-écuyer, grand-maître de l'hôtel et de la garde-robe, et pages d'honneur; supprimez les dépenses de la vénerie, les offices anciens, les fonds secrets de la police, les pensions, les fondations royales, et la différence des prix des salaires et fournitures, et vous verrez que la liste civile du roi d'Angleterre, réduite aux proportions de ce qu'elle serait en France, ne monte pas au-dessus de 8 millions, et l'on en demande 12 et 14 pour un roi bourgeois! Lecteurs, vous avez les chiffres sous les yeux, faites vous-mêmes le calcul.

Maintenant, rapprochons-nous de la France, et voyons ce qu'était la liste civile de l'empereur Napoléon. Je vais l'extraire d'un budget qui n'a jamais été publié, et sur lequel figurent les réductions tracées en 1815, de sa propre main, à l'encre rouge. On y verra que Napoléon avait l'âme trop haut placée pour faire de la liste civile une spéculation, ou en terme de banque une affaire de bourse.

LISTE CIVILE DE L'EMPEREUR NAPOLÉON.

Dépenses ordinaires de 1814.			Réductions faites par Napoléon lui-même en 1815.
Grand-aumônier . .	241,200 f.	—	99,100 f.
Grand-maréchal du palais	2,700,000	—	1,976,600
Grand-chambellan .	2,478,440	—	1,835,942
Gouvernante des enfants de France .	261,860	—	221,260
Grand-écuyer. . .	2,800,000	—	2,000,000
Vénerie.	445,000	—	165,814
Grand-maître des cérémonies . . .	140,000	—	76,000
A reporter. .	9,066,500	—	6,374,716

Report .	9,066,500	—	6,374,716
Intendant-général .	3,076,812	—	2,557,635
Trésorier-général .	267,500	—	214,400
Secrétaire d'état . .	417,000	—	417,000

Dépenses extraordinaires.

Grand aumônier. .	»	—	»
Grand maréchal du palais	120,000	—	60,000
Grand chambellan .	299,000	—	200,000
Gouvernante des enfants de France .	»	—	»
Grand-écuyer. . .	200,000	—	»
Vénerie.	»	—	»
Grand-maître des cérémonies . . .	»	—	»
Intendant-général .	1,758,424	—	2,122,013
Trésorier-général .	12,000	—	22,300
Secrétaire d'état. .	»	—	»
Fonds extraordinaires des bâtiments.	3,700,000	—	1,671,766
Totaux. .	18,917,236	—	13,639,830 (*)

(*) Mais il faut retrancher du budget de 1815 :

1° Sur les dépenses des bâtiments, eaux et jardins, qui se composent aujourd'hui et bien au-delà, avec les revenus en domaines et forêts:	3,324,000 f.
2° Sur la grande aumônerie.	49,000
3° Sur la maison militaire.	350,000
4° Sur le service de santé.	250,000
5° Sur le cabinet de l'empereur. . . .	200,000
6° Sur le grand-chambellan, la vénerie, les pages, les dames d'honneur, gouvernantes et présents.	1,000,000
7° Sur l'intendance et le trésor. . . .	100,000
8° Sur le grand-écuyer.	1,200,000
9° Sur la secrétairie d'état.	417,000
Total. . . .	6,890,000

Otez les 6,890,000 f. du budget impérial de 1815, il restera 6,766,830 fr., et vous trouverez que Louis-Philippe, avec cette somme et son train de maison, sera aussi riche que Napoléon, sans compter l'usufruit des biens privés, les revenus de l'apanage et l'excédant de l'actif de la dotation sur le passif.

Il faut ajouter que Napoléon, naguère vainqueur de l'Europe, maître de ses trésors et empereur absolu, s'imposait durement les sacrifices de la mauvaise fortune, tandis que Louis-Philippe, porté sur les bras de la liberté, sort de la condition privée pour monter, en riant, sur le plus beau trône de l'univers, où viennent doucement le bercer les images gracieuses d'une liste civile de 12 millions.

On sait que celle de Charles X a été votée de complaisance, sous l'empire d'un autre principe, et dans un autre ordre d'habitudes et d'idées; la voici :

Liste civile de Charles X (budget de 1830).

Un intendant-général.	100,000 f.
Grande aumônerie.	693,000
Service de l'hôtel	1,697,700
Gérant des châteaux	809,352
Matériel des châteaux	1,143,930
Chambre.	1,248,500
Garde-robe	182,575
Faculté	176,000
A reporter.	6,051,057

Report. . .	6,051,057
Grand-écuyer	2,399,607
Grand-maître des cérémonies. .	114,330
Grand-veneur (*)	690,061
Intendance générale	438,170
Pensions.	4,500,000
Indemnités, grâces, secours . .	1,334,970
Cassette du roi.	900,000
Caisse des fonds particuliers du roi	18,000
A reporter. . .	15,528,195

(*) Cent dix personnes coûtaient 250,000 fr.; en outre, il y avait des agents forestiers chargés des préparatifs pour les prises et destruction de la population *légitime et illégitime* des forêts, c'est-à-dire du gibier et des animaux nuisibles.

On avait employé pour dix *tirés*, 1,582 sous-officiers et soldats de la garde royale, à raison de 2 f. 50 c. pour les sergents, 2 fr. pour les caporaux et 1 fr. 50 c. pour les soldats.

La nourriture des jeunes faisans, outre les grains de toute espèce, a nécessité, en 1828, la livraison de 40 à 50 mille litres de vers blancs, et autant au moins de larves de fourmis. Pour échauffer les faisans dans les parquets où ils sont enfermés, on a fourni plus de 200 mille œufs de poule, 3 à 4 mille kilos de sucre, et un grand nombre de voitures de marc de raisin.

Quant aux pièges, bascules et assommoirs, la nomenclature des animaux nuisibles auxquels ils sont destinés, présente plus de trente espèces, tant *fourrés* qu'*implumés*. Des animaux domestiques, qui ne sont nuisibles que par exception, tels que les chats, au nombre de 12 à 15 mille, et 7 à 8 cents chiens, figurent dans ces espèces d'hécatombes, offertes plus particulièrement aux habitants des faisanderies.

Les primes accordées pour la destruction, varient depuis 25 c. pour une pie, jusqu'à 2 fr. pour un vieux renard, 50 c. pour un chien et 1 fr. pour un chat.

Report. . .	15,528,195
Théâtres royaux	584,306
Traitements divers.	403,139
Archives de la couronne	23,500
Acquisition d'immeubles . . .	150,008
Ordres du roi	24,000
Logement de cour et suite . . .	59,000
Trésor	323,150
Bâtiments	3,050,000
Forêts.	1,200,000
Domaines	302,700
Mobilier de la couronne	1,078,601
Bibliothèques	201,870
Présents	60,000
Dettes.	70,000
Avances remboursables	366,720
Maison militaire	2,300,000
Dotation des princes et princesses.	5,200,000
Direct. générale des beaux-arts .	150,950
Musées	786,081
Monnaie et médailles	406,900
Manufacture de Sèvres	326,560
——— des Gobelins . . .	288,083
——— de Beauvais . . .	78,400
Théâtre royal de l'Opéra-Comique.	600,000
Prévisions de crédits à reporter à divers services	110,510
Total. . .	34,590,665 f.

Il n'y a peut-être pas un seul de ces services qui ne soit sujet à d'immenses réformations, et je n'ai pas besoin de les indiquer à la sagacité du lecteur. C'est ainsi, par exemple, que le service du grand-écuyer peut être réduit, on en conviendra; car je ne sache pas que la nation veuille donner à Louis-Philippe pour 2,399,607 francs de chevaux. Il y a mille autres dépenses qu'on peut, ou tout-à-fait retrancher, ou réduire presqu'à rien, telles sont celles du chapitre du grand-aumônier

à.	653,900 f.
— de la chambre	800,000
— du service de l'hôtel (plus de moitié).	1,000,000
— du gouvernement des chât. et du matériel	800,000
— de la garde-robe.	150,000
— de la Faculté.	150,000
— du grand-écuyer et des pages.	1,800,000
— du grand-maître des cérém.	80,000
— du grand-veneur	690,000
— des pensions et indemnités	5,834,000
— de l'intendance générale et du trésor	461,000
— des théâtres royaux et de l'Op.-Comique	984,000
— des acquisitions d'immeubles, ordres du roi, logements de cour et de suite	223,000
— des fôrêts et domaines	700,000
— du mobilier, des dettes et avances remboursées	676,000
— de la maison militaire	2,300,000
— de la dotation des princes	5,200,000
— de la monnaie des médailles	406,900
— des traitements divers.	403,000
— de l'intendance générale	60,000
Total des retranchements sur les divers services	23,371,800

Récapitulation.

Liste civile de Charles X . . .	34,571,568
Retranchements	23,281,800
Reste. .	11,289,768

Ce n'est pas moi qui excuserai tant de services ruineux et tant de folles profusions ; mais, il faut être juste, *Charles X* n'avait pas le vice le plus honteux dans un prince, l'avarice; le démon du gain ne possédait pas ses jours et ses nuits; il ne cherchait pas à faire de la liste civile une bonne affaire. Il n'envoyait pas grossièrement injurier les députés qui, malgré son goût pour la censure, réclamaient, comme moi, le jury pour la presse ; qui attaquaient, comme moi, l'hérédité de la pairie et ses dotations ; qui flétrissaient, comme moi, les turpitudes électorales, et qui votaient, comme moi, contre son budget; et lorsqu'il y a dix-sept ans je demandais, comme aujourd'hui, les assemblées primaires, et que j'allais, sous l'habit de garde national volontaire, défendre mon pays contre l'invasion des étrangers, je ne m'attendais pas qu'un jour on viendrait, de la part de quelque personnage que ce puisse être, me prier de solder l'arriéré de mon patriotisme. Mon compte est facile à établir. Mais il y en a un qui l'est moins, c'est de nous dire ce qu'on a fait jusqu'ici pour notre gloire, pour notre bien-être et pour nos libertés. Quand nous soldera-t-on l'arriéré de ce compte-là?

Je reprends :

Ces 23 millions, retranchés de la liste civile de Charles X, ne laisseraient plus que 11,295,768 fr.; mais il y a encore à déduire de cette dernière somme 3,852,700 fr., qui forme le passif de la dotation de la couronne, et qu'il faut extraire de la liste civile, pour la reporter sur l'actif de cette dotation, qui la compense et l'absorbe; en sorte que le chiffre net restant serait de 7,443,068 fr.

C'est un rapprochement curieux et qui n'échappera pas à la sagacité du public, que les listes civiles du roi d'Angleterre, de Napoléon et de Charles X, réduites aux dimensions de notre royauté bourgeoise, tournent approximativement autour de 7 à 8 millions tout au plus.

Les courtisans vont se récrier, et ils diront que c'est folie de ne pas monter ses prétentions plus haut; et, en effet, les agents de la couronne qui gardent cette fois-ci, par ordre, un silence prudent, avaient eu, l'an dernier, la gracieuseté de nous communiquer un état des dépenses présumées de S. M. le roi Louis-Philippe, où figurent, en toutes lettres, la somme de 18 millions, avec un peu plus.

Ce précieux état pourra donner une idée des besoins de la royauté citoyenne. C'est une pièce historique à l'usage des mœurs du temps.

Budget des dépenses présumées de S. M. le roi Louis-Philippe.

Dépenses personnelles.	160,000 f.
Cassette	300,000
Cabinet	60,000
Bibliothèques, souscriptions. . .	250,000
Dépenses personnelles et bienfaits .	1,000,000
Aides-de-camp du roi.	360,000
Dépenses de la chambre	230,000
Chambre, chapelle, traitements. .	40,000
Musique, loges aux théâtres, représentations à bénéfice . . .	300,000
Gages	650,000
Habillement et livrée	200,000
Lingerie et blanchissage	100,000
hauffage.	250,000
Eclairage	370,000
Bouche et office.	750,000
Cave	180,000
Ecurie, 300 chevaux	900,000
Haras de Meudon	120,000
Intendance générale	480,000
Archives de la couronne	25,500
Trésor	320,000
Caisse de vétérance.	860,000
Secours et pensions.	1,500,000
Mobilier personnel	1,200,000
Manufacture de Sèvres.	226,000
Manufacture des Gobelins. . . .	288,000
Manufacture de Beauvais. . . .	78,000
Beaux-arts et musées	450,000
Objets d'arts	500,000
Monnaie des médailles.	406,000
A reporter. .	12,553,500

Report . .	12,553,500
Forêts et domaines	1,100,000
Bâtiments, personnel et matériel .	3,050,000
Service de santé.	80,000
Frais de voyage.	1,000 000
Fêtes et cérémonies.	400,000
Présents	150,000
Fonds de réserve pour tous les serv.	200,000
Total. .	18,533,508 f.

Ce tableau, communiqué par les agents de la couronne, et dont je certifie l'authenticité, fait naître mille réflexions. J'en serai sobre. J'aime mieux que le public commente, article par article, cet inconcevable projet.

18,533,500 fr., voilà la pensée intime! Ajoutez à ce chiffre les 8 millions de la dotation, de l'apanage et de l'usufruit, et vous aurez 26,533,500 fr. Le voilà rempli, ce chiffre qu'on laisse aujourd'hui en blanc, avec un abandon si français, avec un désintéressement si rare!

850,000 fr. pour les gages et livrées! c'est 850 valets à 1,000 fr. pièce. Quel luxe oriental!

620,000 fr. pour chauffage et éclairage! c'est 320,000 fr. de plus que l'empereur Napoléon.

Un million pour de somptueuses écuries! Eh! l'on oublie que des milliers de créatures humaines n'ont pas pour se coucher la paille de ces chevaux!

800,000 fr. pour frais d'administration! On voit bien que ce projet a été manié par les bureaux. C'est plus que sous Charles X. Carnot ne demandait pas tant pour correspondre avec quatorze armées et pour organiser la victoire.

Un million pour frais de voyage! et notez bien que les ministres accompagnent! Mais il n'y aura pas tous les ans des élections; et puis, si l'on ne voyageait pas, que deviendrait le million?

Il n'y a pas un seul article sous lequel on n'aperçoive de caché quelque bénéfice de thésaurisation.

Je n'achève pas: le dégoût me prend, et la plume me tombe des mains.

C'est sur cette pièce, beaucoup trop curieuse, que la première commission de la liste civile, dont la majorité assurément n'était pas hostile au ministère, avait dressé son travail.

M. de Rémusat, habile et consciencieux rapporteur de la commission, après les investigations les plus exactes et à la suite de plusieurs conférences, rédigea avec netteté le projet suivant, qui fut provisoirement adopté, article par article.

Budget des dépenses et recettes de la liste civile, dressé par la commission de 1830.

SERVICE PERSONNEL.

Dépenses personnelles.	Personnel.	15,000 f.		
	Habillement.	35,000		
		50,000 f.		50,000 fr.
Cassette.	Secours, bienfaits de la reine.		—	1,500,000
	Cabinet.		—	50,000
	Bibliothèque.		—	200,000
	Service de la reine.		—	500,000
	Service militaire, aides-de-camp.		—	150,000
Service de la chambre.	Dépenses de la chambre.	150,000		
	Chapelle.	40,000		
	Musique et loges.	300,000		
		490,000 f.	—	490,000
		A reporter.		2,940,000

		Report. . . .	2,940,000
Service de la maison..	Gages.	650,000	
	Livrée.	200,000	
	Lingerie et blanchissage.	160,000	
	Chauffage.	200,000	
	Eclairage.	250,000	
	Bouche et office. . . .	500,000	
	Cave.	150,000	
		2,110,000 f. —	2,110,000
Service des écuries.	Ecuries. . .	880,000	
	Haras.. . .	120,000	
		1,000,000 f. —	1,000,000
Service de l'intendance. . . .	Intendance. .	350,000	
	Trésor. . .	150,000	
	Archives. .	23,000	
		523,000 f. —	523,000
		A reporter. .	6,573,000

		Report. . .	6,073,000
	Caisse de vétérance.		500,000
Service du garde meuble. .	Garde-meuble. .	1,000,000	
	Fêtes.	300,000	
		1,300,000 f. —	1,300,000
Service des beaux-arts. .	Personnel, musée.	100,000	
	Entretien. . . .	100,000	
	Extraordinaire. .	400,000	
		600,000 f. —	600,000
Service des domaines et bâtiments.	Domaines.	1,000,000	
	Bâtiments.	2,200,000	
		3,200,000 f. —	3,000,000
		A reporter. .	11,473,000

		Report. . .	11,473,000
Suite du service précédent.	Facultés.		80,000
	Dépenses extraordinaires.		1,000,000
		Total. . . .	13,973,000 fr.

RECETTES.

Produit des domaines. .	3,205,000 f.	
Apanage (1829). . . .	2,523,000	
Biens d'Orléans. . . .	1,000,000	
	7,523,000 f. —	7,523,000
Excédent des dépenses		6,450,000 fr.

J'ai plusieurs remarques à faire sur ce projet.

Il donnait trop au roi et à la reine; car, en supposant que leurs charités montent à 2,000 f. par jour (on dit 1,400), ce ne serait que 730,000 fr. par an. Ils auront encore 1 million 320,000 fr. pour leurs fantaisies et menus plaisirs, indépendamment d'un million pour voyages et dépenses extraordinaires. Il semble donc qu'il serait largement pourvu à toutes ces dépenses, à peu près de pur luxe, avec 2 millions.

Reste ci.	320,000 fr.
800,000 fr. de chevaux et voitures, au lieu d'un million, et c'est trop, reste. . . .	200,000
550,000 fr. pour les gages et la livrée, au lieu de 850,000 fr., reste.	300,000
Le chauffage et l'éclairage peuvent se réduire à ce qu'ils coûtaient sous Napoléon, c'est-à-dire à 300,000 fr., bénéfice.	150,000
L'intendance et le trésor, avec des réductions d'emplois et d'employés, plus de pensions à payer à 12,000 titulaires, plus de maison militaire, plus de milliers de hauts et bas of-	
A reporter. . . .	970,000 fr

Report. . .	970,000 fr.
ficiers à salarier et à enregistrer, plus d'aumônerie, de vénerie et de théâtres, plus de bâtiments en ruines à réparer et à louer, et moins de fournitures à recevoir et à décompter, doivent largement faire leur service avec 300,000 fr. Bénéfice.	200,000
Le Garde-Meuble, qui n'aura plus à héberger un monde de courtisans, et qui a des piles de tapis, de soieries et d'étoffes brochées, entassées sans emploi dans ses vastes dépôts, peut être réduit de. . . .	300,000
La faculté peut être réduite à 40,000 f., au lieu de 80,000 f., puisqu'elle ne coûte au roi d'Angleterre que 15,000 fr., ci.	40,000
Enfin la caisse de vétérance, qui ne sera plus à la charge du roi, ci.	500,000
Total. . .	2,010,000 fr.

Il est vrai que le projet ne laissait pas à la charge du roi les Gobelins et Beauvais; mais, d'un autre côté, il retranchait de l'actif la forêt de Rambouillet. Ainsi le chiffre des réductions, toutes raisonnables, et que le lecteur peut faire lui-même, monterait à 2 millions, lesquels, ôtés de 13,253,500 fr. de dépenses, ne laisseraient plus que 11,253,500 f.; par conséquent, en fixant l'actif de la dotation, de l'apanage et de l'usufruit, à 7,523,000 fr., tel qu'il est établi dans le projet ci-dessus, il resterait à payer, par le trésor, une somme de 3,730,500 fr.

Ainsi, la commission de 1830, composée de députés nommés sous le régime des cent écus et du double vote, et dans laquelle on ne comptait que deux membres de l'opposition, M. Thouvenel et moi, n'accordait que 5,701,500 fr. de liste civile *proprement dite*; et la commission de 1831, composée de députés nommés depuis la révolution de juillet par les électeurs de 200 fr., propose d'allouer au roi citoyen une liste civile *proprement dite* de 14 millions! Comment expliquer cette surprenante contradiction? par les inspirations rétrogrades du ministère.

La commission actuelle a fait sonner bien haut le retranchement des maisons et bâtiments dont le tableau figure à la suite de son rapport; mais c'est tout bénéfice pour la liste civile; car, de ces bâtiments, les uns tombent en ruine, les autres doivent être abattus; ceux-ci étaient occupés par des employés ou des services supprimés; ceux-là étaient, non pas loués, mais prêtés à des courtisans; plusieurs étaient tenus à rente emphytéotique, et quelques-uns à bail simple, mais sans paiement. Moins d'embarras, moins d'administration et soins d'entretien. C'est tout produit. Et lorsqu'on se débarrasse, on nous dit qu'on se dépouille. Dérision!

Il en est de même des fermes et des forêts.

Les fermes, à mesure que les baux sont renouvelés, rapporteront un tiers de plus, parce qu'elles ne sont plus exposées aux ravages des bêtes fauves.

Les forêts! qui sait au juste leur revenu? A-t-on tout porté sur les registres (*)?

(*) Les forêts qu'on propose d'affecter à la dotation de la couronne, comprennent:

1° Les bois de l'ancienne dotation qui sont de. . . . . 62,600 h.

2° Ceux de l'ancien apanage d'Orléans, de 58,790 h.

Au total. . . . 121,390 h.

96,390 hectares environ sont exploités en taillis sous futaies, 25,000 sont en futaie pleine, ce qui constitue, à l'égard de la futaie, un matériel immense susceptible d'être réalisé en dix ans, et de fournir un capital de 80 millions, sans altérer les revenus ordinaires, parce qu'on peut reprendre cette réserve au moyen de la conversion de futaies en taillis.

Enfin aux 121,390 hectares des bois de la couronne, ci. . . . . 121,390 h.

il faut encore ajouter ceux que le roi possédait comme propriété privée lorsqu'il était duc d'Orléans, et dont il s'est réservé l'usufruit. Ces bois sont d'une étendue de 41 à 45 mille hectares, ci. . . . . 41,000 h.

En sorte que le total des bois est de. . 162,390 h.

En Angleterre, terre classique du positif, on ferait une enquête. En France, on croit tout sur parole. En effet, le pouvoir ne dit jamais que la vérité! La question préalable salue toujours les propositions d'enquête, d'impression, de communication et de dépôt. On aime mieux ne rien voir, se dépêcher, se faire attraper et grever la nation. O le pays ruineux pour les contribuables! O le bon pays pour le pouvoir!

Revenant à nos forêts, je ferai observer que la dépense de l'aplanissement des routes pour les chasses à courre était reportée au

auxquels on ne peut pas donner une valeur moindre de deux mille francs l'hectare en fonds et superficie, puisqu'il y a 25 mille hectares de futaies, et que la plus grande partie du surplus est en hauts taillis de 30 à 40 ans, ce qui donne un capital de trois cent vingt-quatre millions.

Les bois des particuliers, qui sont moins beaux que ceux de la couronne, sont d'un produit de 25 fr. l'arpent. ou 50 fr. l'hectare. D'où il résulte que pour les 162,390 hectares, le revenu annuel serait de 8 millions 119,500 fr., non compris les 25,000 hectares de futaies, qui offrent une valeur réalisable de plus de 80 millions.

La lieue carrée de 4,000 mètres (lieue de poste), contient seize cents hectares. En sorte que les forêts provenant de l'ancienne dotation de la couronne qui sont de. . . . . 62,000 h.

Celle du domaine privé du roi qui sont de. 41,000 h.

Celles de l'apanage d'Orléans qui sont de. 58,000 h.

Et celle des membres de la famille d'Orléans, qui sont de. . . . . 80,000 h.

Au total. . . . . 241,000 h.

Couvrent 151 lieues carrées.

passif des forêts; qu'il faut déduire de ce passif pour entreillagements de la grosse et petite bête, 100,000 fr.; plus pour frais de vénerie dépendant de ce chapitre, 80,000 f.; plus sur le personnel, 10,000 fr., attendu que nous avons affaire à un prince très-économe, qui d'un trait de plume a, dit-on, mis les traitements des conservateurs de 9,000 fr. à 4,000. Puissent ses ministres en faire autant pour tous les chefs d'emploi qui figurent au budget de l'état!

S'il fallait remettre droit tout ce qui cloche dans le rapport de la commission je n'en finirais pas, mais laissons ces détails. J'aime mieux me hâter de rendre hommage à la prodigieuse force de dialectique qu'elle a déployée dans l'attaque et la solution des questions vitales de la loi. En effet, elle a commencé par établir, le plus savamment du monde, que l'usufruit des biens privés était réuni au domaine de l'état. Voilà ses prémisses. Vous croyez peut-être, après cela, qu'elle en a conclu que l'usufruit restera à l'état? Point du tout. La commission place cet usufruit dans le domaine privé qui appartient au roi.

Puis, redoublant la conséquence, après avoir démontré que l'apanage est pareillement réuni au domaine de l'état, elle met cet apanage dans le domaine de la couronne, qui appartiendra aussi au roi.

N'admirez-vous pas la rectitude de cette double conclusion?

Vous vous imaginez du moins que la commission va précompter, sur le montant de la liste civile, la valeur de l'usufruit et de l'apanage ? Nullement. A la vérité, cette valeur est le bien de l'état. Mais, voyez-vous, il convient mieux que le roi jouisse à-la-fois de l'usufruit et de l'apanage, sans en tenir aucun compte, quoiqu'il y eût compte à faire, et comme de sa chose, quoique ce soit celle de la nation.

— Ah ! c'est vrai, la distinction ! En sorte, n'est-ce pas, que la nation aura tout gagné en droit, et tout perdu en fait?

— Précisément.

— Ce que c'est que d'être logicien !

Après avoir étudié sous toutes ses faces le budget comparé des dépenses, voyons le budget des recettes.

Voici le résultat des recettes de 1830, pour la dotation de la couronne :

Produits ordinaires et extraordinaires en bois, rentes, locations, concessions, maisons, vente de matériaux, etc.	3,821,092 f. 48 c.
Plus, vente de livrets, plâtres et estampes au public. .	15,00
Plus, vente au public des porcelaines.	30,000
Total. . .	3,866,092 f. 48 c.

Il faut calculer, en outre, les produits des manufactures de Sèvres, des Gobelins et de

Beauvais, donnés en présent ou livrés à divers services de la maison du roi. C'est évaluer au plus bas taux la conversion de ces objets en argent, que de les porter à 300,000 francs. On ne peut comprendre, en effet, au nombre des charges l'entretien des ouvriers et des artistes, la réparation des bâtiments, l'achat des matières premières et les frais d'administration, sans calculer par compensation le produit approximatif de ces choses-là

Ce sera donc 4,156,092 fr. pour le revenu de la dotation de la couronne, et il ne faut pas dire que nous prenons le revenu de 1830. Car on nous répète sans cesse que Charles X était un prince ignorant et dissipateur, tandis que Louis-Philippe est un prince intelligent et économe; donc ce n'est rien exagérer que de prendre, pour point de départ, le chiffre de Charles X.

Quant au revenu de l'apanage d'Orléans, quel est-il? Il faut croire ici sur la parole du maître; mais encore faut-il que cette parole parle. Or, point d'état imprimé et soumis aux chambres. Les uns disent 3 millions, les autres 2 millions 559,912 fr. Prenons le dernier chiffre, il conviendra mieux au ministère, c'est le moindre. Baissons la recette, enflons la dépense. Vérité dans la Charte, vérité dans les rapports des commissions, vérité dans les allégations des ministres, vérité dans la liste civile, vérité partout!

Puis, quand nous aurons admis le chiffre de 2 millions 559,912 fr., nous aurons soin d'en rabattre 335,678 fr., pour l'impôt; car il faut savoir que l'apanage payait l'impôt, attendu que les biens de la couronne en étaient seuls exempts. Ainsi, au lieu de 2,227,234 fr. que touchait net le prince apanagiste, le roi touchera 2,559,912 francs.

Exemption d'impôts, accroissement de jouissance. Voilà qui adoucit singulièrement l'amertume des sacrifices! 335,678 fr. de plus font passer par dessus les tribulations de la réunion, surtout lorsque, par la précaution ingénieuse de la commission, les 2 millions 559,912 fr., de l'apanage, qui appartient à l'état, ne seront pas précomptés sur le chiffre de la liste civile. C'est ce qui s'appelle savoir se résigner à tout!

Il est vrai qu'en compensation de ce que l'on ôte à l'État, on donnera au prince royal un million ; et ici veuillez remarquer combien la commission a ménagé, avec une sollicitude paternelle, les intérêts des contribuables. Le ministère avait proposé d'accorder l'apanage au duc d'Orléans, mais la commission en fait cadeau au père, *à l'hôte de la Nation*, et, par dédommagement, elle alloue au fils un million; en sorte que la nation paiera 3 millions 559,912 fr. au lieu de 2 millions 559,912 fr. C'est une manière comme une autre d'être plus ministériel que le ministère lui-même, et c'est dans ces heureuses dispositions qu'on va jeter sur la tribune les dés de la liste civile. Pauvres contribuables, la veine n'est pas pour vous!

Encore un léger scrupule! Vous allez donner 1 million à un jeune homme de vingt ans, qui sort du collége, et qui n'est pas encore roi. Combien donniez-vous au génie le plus extraordinaire des temps modernes, à ce consul de la république qui pressait déjà les rois dans sa main ? 500,000 fr. Le duc d'Orléans vaudrait-il deux fois plus que Napoléon? Aidez-moi donc, car je ne puis pas bien saisir la raison de la différence. Qu'a-t-on pris pour terme de comparaison? Est-ce la capacité ? est-ce la puissance? Quoi ?

Ah! j'oubliais qu'il y a une petite forêt d'Orléans dont l'Etat jouit, qui rapporte 47,000 fr., et qu'on annexe à l'apanage, apparemment parce qu'il n'y en a pas assez comme cela, et que quand on fait les choses, il faut les faire *magnifiquement*, selon la belle expression du rapporteur. Va donc pour 47,000 fr. de rente, par addition!

Quant à l'usufruit des biens privés, la commission ne le mentionne que pour mémoire. Encore un cadeau! Est-ce parce que l'année 1832 commence et que les petits présents entretiennent l'amitié?

Je ne sais pas comment s'arrangent les rois féodaux qui trônent dans les autres pays de l'Europe, ni ce qu'il leur reste à la fin de l'année, mais je ne crois pas qu'il y en ait un seul qui pourra se vanter de faire d'aussi solides économies que notre roi bourgeois.

Toutefois, il me semble que si j'avais eu l'honneur d'être appelé à le conseiller dans une occasion aussi solennelle, qui ne s'offre qu'une seule fois pendant la vie d'un monarque français, je lui aurais tenu ce langage :

« Songez, Sire, à cette gloire si rare et si pure d'un citoyen appelé comme vous au gouvernement de son pays, assez désintéressé pour ne rien demander, assez riche pour ne rien coûter au peuple. Vous le savez, Sire, votre fortune personnelle est immense. Vous possédiez avant de monter sur le trône, si je ne me trompe, en bois seulement, pour 7,493,000 fr. de rente. (*)

(*) Savoir :

En biens privés.	41,000 hect. de bois.
En apanage.	56,000
La reine votre épouse. . .	2,800
Vos enfants.	314
La princesse votre sœur. .	28,800
Le duc d'Aumale	50,000
Total.	178,000 hectares.

Ces bois produisent annuellement, dit-on, savoir :

Au profit du roi (biens privés).	1,720,000 fr.
(apanage). .	2,500,000
— de la reine. . . .	130,000
— des princes et princesses.	23,000
— de madame Adélaïde.	1,120,000
— du duc d'Aumale. .	2,000,000
Total. . . .	7,493,000

« Il suit, de ce petit aperçu, que votre auguste famille, Sire, est patrimonialement la mieux rentée en forêts de toutes les familles princières de l'Europe.

« Je me permettrai aussi de vous rappeler que le duc d'Aumale, n'étant âgé que de dix ans, vous jouirez de ses deux millions de revenu aux termes de l'article 384 du Code civil, jusqu'à ce qu'il ait atteint dix-huit ans accomplis, c'est-à-dire pendant huit ans et seize jours.

« Je ne sais pas si, indépendamment de vos mmeubles qui sont au soleil, et qui, par conséquent, peuvent se reconnaître et s'apprécier, vous n'auriez pas de riches capitaux placés sur l'état, ou sur des particuliers, ou sur des banques plus ou moins éloignées. Ma respectueuse discrétion m'interdit à cet égard toute recherche et toute demande.

« Sire, vous avez la simplicité d'un philosophe et les mœurs d'un honnête homme; qu'avez-vous besoin de tant de richesses? que vous servira-t-il d'ajouter 128,707 arpents de bois à 356,000 que votre maison possède déjà? L'ornement de votre trône, n'est-ce pas la vertu de la reine? Vos perles et vos diamants, n'est-ce pas votre jeune et charmante famille? Les douceurs de la vie domestique, ne les regrettez-vous plus? L'amour des Français soulagés ne rira-t-il pas mieux à vos regards que la pompe, l'étiquette et les futiles cérémonies de vos fêtes théâtrales?

« Ah ! Sire, lorsque pauvre et fugitif, vous alliez étudier la liberté sur les rivages de l'Amérique, ou que, dans les vallées de la Suisse, vous honoriez votre proscription par la dure patience du travail, vous ne vous doutiez pas qu'un jour des flatteurs, peste des cours, vous proposeraient de ne pas vous contenter, sur un trône populaire, de cinq à six millions de rentes. Repoussez les perfides conseils de ces hommes qui n'aiment point le peuple, et qui ne vous aiment pas. Faites déclarer par les chambres que vos biens privés, ainsi que l'apanage dont vous avez prescrit la propriété par 160 ans de possession, vous appartiendront sans retour. Gardez ce Palais-Royal, que vous avez embelli pour l'agrément du public et pour votre profit. Ne demandez pour vous qu'un autre palais d'hiver avec une résidence d'été; mais demandez pour la reine 1,500,000 fr. que nous vous accorderons avec joie, pour qu'elle les répande en bienfaits et se fasse aimer et bénir encore davantage ; car il n'y a que les femmes qui sachent, sans la dégrader, soulager l'infortune. Voilà, Sire, votre liste civile !

« Laissez à la nation ces millions d'argent qui, ajoutés à tant d'autres, épuiseraient ses forces et sa substance; ces vastes palais qui ne doivent être pleins que de sa grandeur; ces bibliothèques et ces musées qui sont les nobles plaisirs de son goût et de son intelligence; ces bandeaux de diamants et ces couronnes de perles orientales qui ne siéent qu'à la beauté de cette reine majestueuse.

« Pour vous, tirez votre éclat de votre modestie, votre gloire de sa puissance, et votre force de sa liberté!

« Sire, si cette fatalité qui pousse et renverse les rois les uns sur les autres, et qui les traîne par les mêmes chemins aux mêmes abîmes, s'attachait un jour à vos pas; si l'un de ces coups de tonnerre, qui éclatent dans la sombre nuée des tempêtes politiques, vous précipitait du trône, il serait beau pour vous d'en descendre comme vous y êtes monté, sans avoir rien coûté à votre pays! »

LETTRE

SUR

L'APANAGE DU DUC DE NEMOURS.

— 18 février 1837. —

C'est à qui en demandera de l'argent, c'est à qui en aura.
DUPIN, *Traité des Apanages.*

JE ne sais en vérité, Monseigneur, par où commencer le petit discours que je suis bien marri de vous lâcher au sujet de votre apanage dont nous avons, nous gens de la gauche, reçu l'étonnante proposition dans un morne et respectueux silence, et je vous avouerai, Monseigneur, que je sens déjà ma plume trembler tout au bout de mes doigts; singulier effet! Serait-ce donc la peur de ces vilains extirpateurs qui ont mis une croix rouge au droit de mon nom? eh mais!

Moi qui aurais tant voulu cependant regarder avec ma loupe votre question sous ses quatre faces, la creuser, la remuer et la retourner en toutes façons ! mais ici vraiment, ne le ferai et n'aurais garde. Car ce ne sont partout, sous les pieds des libres penseurs, que charbons ardents, pièges à loups et chausse-trapes; comment marcher, faire un pas et que dire?

Ah c'est différent, si nous vivions du temps de Massillon, de Mably, de Montesquieu, de Voltaire et de Rousseau! alors, je développerais devant vous, Monseigneur, les plus belles considérations sur la source du pouvoir ; sur le principe vrai et le principe faux de chaque espèce de gouvernement; sur les causes et les effets des révolutions; sur les us, originalités, fiscalités et semblances des royautés économiques; sur le luxe, les vices, la dureté de cœur, l'orgueil et l'avarice des grands; sur l'amour de l'égalité, le mépris des richesses et les devoirs envers les pauvres, et autres thèses et argumentations logiques et savantes qui auraient pu vous réjouir et vous faire passer agréablement un quart d'heure ou deux.

Mais si de pareilles dissertations étaient souffertes sous la monarchie absolue, il n'en est pas de même depuis que, du haut des barricades, nous avons, avec une grosse voix de gorge, décrété la liberté de la presse.

Aujourd'hui, tout est permis, excepté ce qui n'est pas permis, et la liberté de la presse existe particulièrement pour les écrivains politiques, mais à la condition ou de n'en pas user du tout, ou de n'en user que comme les ministres veulent qu'on en use. Aimable et vaillante liberté! Ainsi, défendu de rechercher le comment, le quoique, le parce que, le par qui et le pourquoi de la Charte de 1830. Mais permis, très-volontiers permis d'imprimer, par exemple, que l'assemblée constituante n'était qu'un ramas d'usurpateurs et d'intrus, ou bien que les quatre millions de suffrages qui ont appelé au trône impérial Napoléon Bonaparte, étaient tout-à-fait insuffisants, absolument comme les revenus de votre domaine privé. Permis aussi, de par la police, de frapper la grosse caisse des deux bouts avec nos baguettes, et d'annoncer, sur la place publique, que Dieu n'existe pas. Qu'est-ce que cela leur fait? Se dire athée, passe encore, mais puritain!

Voilà tout simplement où nous en sommes. Malheur donc à ceux qui défendent les libertés du peuple, malheur ! Pour eux, les anathèmes de la camarilla; pour eux, les calomnies de la bonne presse; pour eux, les persécutions du ministère; pour eux, les amendes, les confiscations et les sépulcres vivants de Salazie.

Vous voyez bien, Monseigneur, que je ne pourrais, sans être immédiatement *Salazié*, traiter votre question sous le côté politique, qui est, je l'avoue, le beau, le grand côté de l'affaire. Il faut donc que je me retourne du côté financier, qui n'est pas cependant un petit côté, tant s'en faut; c'est même, dit-on, le côté sensible d'aucuns, le côté du cœur. C'est le mien aussi. Car, Monseigneur, défendre l'avoir du pauvre peuple, contre la voracité des courtisans, c'est pour tout député un devoir impérieux, un devoir saint et sacré auquel je n'ai manqué et ne manquerai jamais, tant que j'aurai pied en France et plume à la main.

Mais avant d'en venir au fait intime de votre apanage, un mot sur ce que nos ministres appellent les graves considérations du projet.

Première considération grave :

Ils disent que vous êtes brave, Monseigneur, que l'armée vous admire, que la France vous contemple, et qu'on vous doit récompense.

Comment brave? oui, vous l'êtes brave, puisque vous êtes officier français. Mais, tout jeune qu'il est, Monseigneur n'aurait-il pas été décoré des grands insignes du commandement et de la victoire, et quoique son Altesse n'ait pas encore enfoncé de carrés russes, la bayonnette au poing, ni gagné de batailles, que je sache, n'est-il pas vrai qu'elle porte les torsades de général et qu'on lui a passé, de l'épaule au côté, le grand cordon de la Légion-d'Honneur, avec la plaque, moins l'aigle?

Il y a eu des victorieux qui, même sans apanage, se seraient trouvés récompensés à moins.

Seconde considération grave :

Les ministres invoquent, pour vous apanager, Monseigneur, les traditions de l'antique monarchie.

De quelle monarchie veut-on parler. De la monarchie de nos pères? Mais quel rapport y a-t-il entre la royauté absolue et la royauté constitutionnelle, entre le roi des gentilshommes et le roi des bourgeois, entre le pompeux Versailles et le modeste Neuilly, entre Louis XIV et Louis-Philippe. De la monarchie de Charles X? Mais si ce devait être pour faire comme lui, à quoi bon l'avoir chassé? Vos souteneurs d'apanage, Monseigneur, je suis fâché de le dire, ne comprennent pas un mot à la question. Non, ils ne la comprennent pas. Non, ils ne voient pas qu'il n'y a rien de commun entre vos prédécesseurs et vous; qu'il y a entre eux et vous des montagnes, des océans, des abîmes infranchissables, sans fonds, sans limites; que toute leur force, tout leur éclat leur venait de la légitimité et de la consécration des saintes Ampoules; que toute votre force, que tout votre éclat, ne peuvent vous venir que de l'usurpation et de la consécration du peuple. Eclos de la révolution dans un jour d'orage, vous ne pouvez mûrir que sous les rayons de son soleil. Pour vous, rien en deçà d'elle, rien au delà. Vous êtes, comme dynastie, moins vieux que nous tous, moins vieux que vous-même. Vous pourrez avoir des descendants, mais vous n'avez point d'aïeux; vous ne datez que de juillet; vous n'avez que six ans de vie et d'âge; pour vous, les huit siècles de l'antique monarchie sont et doivent être comme s'ils n'étaient pas!

Troisième considération grave :

Nous voulons bien convenir, disent les ministres, que la forêt de Rambouillet vaut pour l'état un revenu annuel de 550 mille francs, sans compter le château, la ferme et le parc de trois mille arpents. Mais, pour le prince, Rambouillet ne vaudra plus que 272,800 fr., et il est, par conséquent, de toute nécessité d'y ajouter les forêts de Sénonche, de Châteauneuf et de Montécaut, d'un produit de 267,000 fr.

On ne pourra pas dire du moins que les courtisans de nos jours n'entendent rien aux calculs. Quand on a distrait Rambouillet du domaine de la couronne pour l'annexer au domaine de l'état: Quel sacrifice, disaient-ils, les plus beaux produits et pas de charges! aujourd'hui qu'il faut dissimuler l'énormité de l'apanage, on dit que Rambouillet n'a que des charges et presque pas de produits. La vérité est que 40 millions, c'est là la somme que rendrait tout au moins la vente de Rambouillet, de son château, de ses dépendances, de sa ferme, de son parc, de ses forêts et des bois de Sénonche, de Châteauneuf et de Montécaut (*).

Mais savez vous bien, courtisans, que du train dont vous y allez, si le ciel répandait un jour ses bénédictions prolifiques sur les couches du duc de Nemours et de Messeigneurs ses frères, leurs lignées, aussi nombreuses

(*) Le ministère n'avoue que 809,905 fr. de revenu, est-ce le chiffre exact ? Il ne porte l'impôt qu'au dixième du revenu. Est-ce la cote véritable ?

Refaisons son compte.

Quarante mille arpents de bois donnent, par chaque année, deux mille arpents à couper (tous les vingt ans).

Chaque arpent, grande mesure, vaut aux portes de Paris et de la Beauce, et l'évaluation est faible, 600 francs.

Donc les deux mille arpents produisent par an	1,200,000 fr.
Parc de trois mille arpents, bois et terres, à raison de 30 fr. de revenu l'arpent par an	90,000 fr.
Domaine rural payant un impôt de 4,028 francs par an	30,000 fr.
Château, bâtiments, eaux, jardins, *pour mémoire.*	
	1,320,000 fr.

Ce serait donc, à raison de cent millions, un revenu de . . . . 3,300,000 fr.

Ainsi l'acheteur placerait son argent à trois pour cent Est-ce là, en Beauce, un trop mauvais placement ?

Puis, il aurait de plus une valeur d'à peu près sept à huit millions, en coupes de futaies, auxquelles, par une prévoyance habile et accumulante de l'apanage à venir on n'a pas touché.

Voilà votre compte et c'est le bon.

que la race d'Israël, feraient main-basse sur tous les domaines de l'état; terres, prés, fermes, châteaux et forêts, tout y passerait; même qu'il faudrait hypothéquer à leur royal entretien les recettes générales de la France, tant les directes que les indirectes, avec Alger, le Sénégal, Cayenne, l'île Bourbon et Chandernagor!

Quatrième considération grave :

Les ministres s'appuient au long sur l'autorité du général Foy qui, en dépit de la loi de 1790, soutenait ferme les apanages, voire même les apanages immobiliers.

Mais on ne dit pas que le général Foy était sous la restauration, de la coterie orléaniste, et qu'il s'est montré ici plutôt l'ami de la maison que l'ami du peuple; on ne dit pas que le brave et éloquent général n'était ni jurisconsulte ni publiciste et qu'il a défendu ici une thèse fausse de tous points, illibérale de tous points; on ne dit pas enfin que si le général Foy eût vécu, il siégerait aujourd'hui, en habit de maréchal, sur le banc des doctrinaires, côte à côte de M. Guizot, et voilà vos autorités!

Cinquième considération grave :

C'est une grande victoire, à entendre les ministres, que celle remportée par les successeurs de Louis-le-Débonnaire contre le démembrement de l'Empire, et n'est-il pas juste que la France du XIXe siècle assigne, en commémoration de cette victoire, un solide dédommagement à Monseigneur le duc de Nemours !

Mais, en vérité, nos ministres sont fous avec leurs vieilles histoires de la Gaule, leur engoûment féodal, leurs Capétiens, leurs Carlovingiens et leurs monarchies comparées. Où vont-ils chercher tout cela ?

Au lieu de nous empanager de leur loi, que n'ont-ils, Monseigneur, mieux conduit votre cour auprès de cette archiduchesse Thérèse, le plus riche parti du saint Empire d'Allemagne ? cela nous allait si bien à tous ! à nous, qui aurions gardé Rambouillet, à vous, qui eussiez empli vos poches des florins de l'Autriche. Quels regrets ! quel dommage ! une princesse si bonne, si charmante, si adorable, si polie, si bien faite ! quelle taille ! quel teint de lys et de roses ! quels yeux noirs ! que de grâces ! que d'esprit ! que de vertus ! et puis, elle avait une si belle dot !

Maladroits qu'ils sont, que vous êtes, que nous sommes ! c'est à en pousser des soupirs, à en verser des larmes, à ne pouvoir jamais s'en consoler. Une princesse qui avait une si belle dot !

Sixième considération grave :

Il ne s'agit pas de savoir, ajoutent ces messieurs, si l'on nous avait promis et si nous devrions jouir d'un gouvernement à bon marché, ni si c'est au peuple à payer, à toujours payer. Mais il s'agit de savoir si nous devons être ou non éminemment monarchiques. C'est là, au dernier mot, toute la question. Or, si nous devons être éminemment monarchiques, coûte que coûte, il faut payer, et comme on ne saurait être trop monarchique, il est clair qu'on ne saurait trop payer. Si nous devons être éminemment monarchiques, il faut plaire aux rois de la sainte-alliance, et comme on ne saurait trop leur plaire, il est clair qu'on ne saurait trop leur ressembler.

A cela, Monseigneur, que voulez-vous que je dise?

Septième considération grave :

Mais qu'est-ce donc qu'un château, murmurent à voix basse les familiers du château? qu'est-ce donc qu'une, deux, trois, quatre forêts de plus ou de moins? C'est comme le million de la reine des Belges. Qu'est-ce qu'un million pour le trésor?

— Ah! qu'est-ce qu'un million pour le trésor? Eh bien! si ce n'est rien, pourquoi ne le donnez-vous pas, et si c'est quelque chose, pourquoi le demandez-vous? Que penserait-on du premier président de la cour de cassation, lequel touche 25,000 francs de traitement, s'il venait dire à l'Etat : donnez-moi encore je vous prie, un billet de banque de mille francs, pour doter ma fille. Eh bien! vous, Château, qui avez 25 millions de revenu, vous en dites autant; car, proportion gardée, un petit million pour l'un, n'est qu'un petit billet de mille francs pour l'autre.

Huitième considération grave :

On prétend que les notables de l'endroit s'ennuient de ne plus entendre dans la forêt l'aboiement des meutes et les halalis du cerf, et que, de même qu'il fallait au roi une grosse liste civile pour faire aller le commerce de la rue Saint-Denis, il leur faut à eux un beau jeune prince, grand chasseur de plumés et d'implumés, mangeur de son bien sur place et festoyeur à tout venant.

Et moi, Monseigneur, j'ai meilleure idée des notables de l'endroit et de Vous, et j'aime à croire qu'ils sont trop intelligents pour ne pas s'apercevoir que si la main-morte féconde l'oisiveté, elle stérilise le travail ; qu'ils sont trop justes pour vouloir sacrifier notre bien à leur profit, et qu'ils sont trop bons citoyens pour ne pas se souvenir que leur endroit n'est pas toute la France, et qu'ils sont de France avant d'être de Rambouillet.

Neuvième considération grave :

Les choristes du château, je vous en avertis, Monseigneur, ne se contentent pas de dire qu'il s'agit ici de l'amitié des rois et du salut de la monarchie ; que la liste civile est si épuisée qu'elle ne peut se traîner et suffire à sa peine et que ces pauvres princes sont bien à plaindre ; que la France, la France ! ne doit pas liarder et faire escompter ses billets ; qu'elle est par trop heureuse de payer, sans souffler ni geindre ; ils ne se contentent pas de dire qu'il faudra avoir bien soin de faire chut! chut! quand l'affaire commencera, et que l'on montera en colonne serrée à l'assaut des 40 millions; qu'il faudra bien prendre garde que les sacs soient tout prêts avec leurs ficelles et surtout qu'il n'y en ait pas de troués. Ils ne se contentent pas de dire que c'est vous offenser, Monseigneur, et vous manquer tout-à-fait de respect, que de ne pas vouloir vous donner notre argent, et qu'à moins d'être un méchant écrivain, un faux logicien, une cervelle brouillée, une petite âme, un carliste déguisé, un républicain farouche, un factieux, un anarchiste, un terroriste, un incendiaire, un libelliste affreux, un prédestiné de Salazie, un homme abominable, sans religion et sans mœurs, un criminel de lèze-majesté, un régicide, un omnicide, une espèce de monstre du genre de ceux auxquels M. Geoffroy Saint-Hilaire n'a pu encore trouver de figure et de nom, tant ils sont horribles et nouveaux, qu'à moins d'être tout cela, Monseigneur, tout cela à la fois, on ne saurait avoir pour votre apanage que des salutations, des génuflexions, des prosternations et des adorations. Non, Monseigneur, ils ne se contentent pas de dire toutes ces belles choses. Voyez jusqu'où va leur malice! ils nous saisissent par le milieu du corps et nous mettant l'argume nt dans les reins : Ingrats députés ! s'écrient-ils, ingrats députés que vous êtes ! députés sans magnificence et sans logique qui, après avoir fait un roi, ne voulez plus en subir les conséquences, comme si la couronne pouvait aller sans éclat, et comme s'il pouvait y avoir de l'éclat sans argent !

Je suis de cet avis là, Monseigneur, et je trouverais tout naturel que les 219 députés qui, à tout propos, se vantent si modestement d'avoir fait un roi, se cotisassent entr'eux pour apanager ses fils et doter ses filles, à défaut *du revenu suffisant*, entendons-nous bien ? Mais moi, par exemple, qui n'étais pas des 219, est-ce que je ne pourrais pas me dispenser de mettre à la bourse, quoique à la fin je voie bien qu'il me faudra payer comme les autres, après sommation préalable et le percepteur aidant.

Dixième considération grave :

Que signifie, au surplus, disent les ministres, cette opposition hargneuse et criarde ? Pourquoi donc faire tant de bruit pour si peu de chose ? N'est-ce pas déjà peut-être trop que la législature se mêle de ces misères, et des députés intelligents et respectueux ne devraient-ils pas voter, à la main levée, nos petites lois de famille ?

— Que dites-vous donc là petites ? mais elles sont, au contraire, toutes grosses d'abus, et de plus, elles sont irréparables; car vos autres lois de confiscation, d'intimidation, de d'extirpation, de déportation et de non révélation, vous le savez aussi bien que nous, ministres, ne dureront que la durée de votre règne! Mais vos petites lois de famille, à elles l'avenir, et quel avenir!

Les fils des fils du roi multipliant, l'armée, la marine, l'instruction publique, le trésor, la justice tomberaient alors dans leurs mains. Nous pourrions bien n'avoir plus vers ce temps-là, pour généralissimes, que des princes; pour grands amiraux, que des princes; pour grand-juge, que des princes; pour grand-maître de l'université, que des princes; pour grand-trésorier, que des princes; pour grand-chancelier de la Légion-d'Honneur, que des princes. Voilà quant aux personnes.

Et, tandis que l'égalité des partages de succession et le morcellement des propriétés réduiraient les héritages des autres citoyens à l'état de parcelles, les apanages immobilisés s'éleveraient au milieu de cette poussière cadastrale, comme ces tours hautes et massives de la féodalité qui dominaient jadis, dans les villes et dans la plaine, les maisons des bourgeois et les huttes de paysans. Il n'y aurait plus de palais, de grandes forêts, de précieux herbages et de vastes domaines que pour les princes apanagistes. Autour d'eux, plus même, comme en Angleterre, d'aristocratie rivale. Leur fortune, accrue par d'énormes mariages, grandirait de la diminution des autres, et ne rencontrerait, dans ses exhaussements successifs, ni contre-poids, ni limites. Voilà quant aux choses.

Or, n'y a-t-il dans ce double avenir rien de menaçant pour la liberté? Est-ce là cette égalité que juillet avait promise? Peut-on appeler du nom de petites lois, des lois qui aideraient à mettre dans une seule maison l'exercice de la souveraineté, l'hérédité de l'empire, la possession de grands apanages, la jouissance de tous les honneurs, de tous les priviléges, de toutes les richesses, l'encombrement de toutes les avenues du pouvoir, l'investiture des commandements et des suprêmes charges de l'état?

Oui, Monseigneur, ces lois sont bien nommées, ce sont des lois de famille; car grâces à elles, il n'y aurait un jour, dans l'acception politique comme dans l'acception vulgaire, qu'une seule famille en France, et cette famille, ce serait la vôtre!

Onzième et dernière considération grave:

Certains valets porte-plume qui sont gens de Cour et qui savent leur monde, me saluent jusqu'à terre, bien obligé messieurs, du nom de vicomte par-ci et de vicomte par là, et ils s'en vont contant que je possède aussi, moi, mon petit Rambouillet, joli château-fort, flanqué à ses angles de quatre tourelles; que mes chevaliers, écuyers et hommes d'armes font la ronde sur les contrescarpes et les mâchicoulis de mon donjon; que mes coursiers de bataille hennissent sous leur frein d'or; que mon nain donne du cor à tous venants; que je suis la terreur de mes vassaux et vavassaux; que je lève des tailles sur les juifs dans le ressort de ma seigneurie; que de charmants poissons rouges se mirent dans le cristal de mes eaux, et qu'on voit bien que c'est pur dépit de grand seigneur et jalousie d'apanagiste à apanagiste qui me fait parler.

Je ne sais si c'est pour occuper leur désœuvrement d'antichambre ou pour égayer votre Altesse, que les porte-plumes vous font de ces récits peinturés et drôlatiques. Mais ce que je sais, mon Prince, c'est que je n'ai pas besoin d'aller comme eux, voyager au pays des fées, ni d'emprunter leur brillante palette pour colorier en or fin l'histoire de vos fortunes, histoire plus merveilleuse dans son genre que les plus merveilleux contes des Mille et une Nuits.

Avouez, en effet, Monseigneur, que c'est une bien noble, une bien généreuse nation que cette nation française, et que votre famille lui doit, par dessus toutes les autres, une reconnaissance sans bornes pour les aises, profits et grands biens dont elle a été de tout temps emplie et remplie, comblée et recomblée, chargée et surchargée.

Oui, Monseigneur, c'est un beau et riche spectacle de voir votre radieuse fortune, supérieure aux vicissitudes du temps et à la décadence des empires, traverser la monarchie absolue de Louis XIV, la royauté constitutionnelle de Louis XVI, les orages de la république, la restauration de Louis XVIII, le gouvernement de Charles X et la révolution de juillet, tenant son sceptre d'or à la main, et la tête couronnée d'un triple bandeau de perles et de diamants.

Tout d'abord, Monseigneur, les édits de 1661, 1672 et 1692, prirent à l'état et donnèrent à votre ayeul un apanage composé de tant de fiefs, de terres, de manoirs, de villes, de palais, de châteaux, de fermes, de gouvernements, de principautés, de duchés, de marbuisats, de comtés et de baronies, d'alleux, de champards, de haute et basse justice, de redevances féodales, de prés, de canaux, de bois et de forêts, que je me fatiguerais, dans cent pages, à vous les énumérer.

Votre maison, Monseigneur, passait, en 1789, pour la maison princière, non régnante, la plus riche de l'Europe, puisqu'on évaluait sa fortune à 112 millions, somme énorme qui représente 200 millions de nos jours. Somme trop grande de toute manière, entre les mains et à la disposition d'un seul homme, quelque prince qu'il soit, et selon les temps, menaçante tantôt pour la liberté, tantôt pour le pouvoir lui-même. Car l'histoire ne sera que juste, Monseigneur, lorsqu'elle dira que l'emploi révolutionnaire que votre aïeul fit de sa prodigieuse fortune, dans l'intérêt de son ambition personnelle, contribua plus que toute autre cause au renversement du trône de Louis XVI, son parent et son maître.

Cette fatalité de bonheur pécuniaire qui s'attachait opiniâtrement à ses pas, poursuivit votre famille jusque dans l'exil. Car, tandis que les autres émigrés mouraient de faim à l'étranger, la duchesse d'Orléans, votre grand-mère, recevait une grosse pension de la république française, et vers le même temps, le trésor payait à la décharge de votre père émigré, plus de 40 millions de dettes. 40 millions ! Quelle brillante anticipation de liste civile !

Ce n'est pas tout : Louis XVIII, à peine débarqué d'Angleterre, vous remit, sur vos vives prières, par une ordonnance de bon plaisir, ce qui restait entre les mains de la nation, des biens non vendus de l'apanage d'Orléans, apanage irrévocablement aboli, non par les lois de 1793 sur l'émigration, mais par l'art. 2 de la loi du 21 décembre 1790, sur les apanages. Pour excuser cette insigne violation des lois, on a prétendu que Louis XVIII était alors omnipotent. Mais avec ce beau raisonnement là, on aurait pu dépouiller, pour vous enrichir, le premier citoyen venu, comme on dépouillait l'état, puisque le premier citoyen venu, non plus que l'état, ne jouit de son bien qu'en vertu des lois, et que Louis XVIII était, dit-on, au-dessus des lois ! C'était sans doute à Louis XVIII à ne pas donner ce qu'il ne pouvait donner. Mais c'était surtout aux ex-apanagistes à ne pas prendre ce qui appartenait à l'état.

La loi sur l'indemnité des émigrés, qui semble avoir été faite exprès pour votre heureuse famille, vint augmenter encore ses bons points, commodités, aises et profits, en lui fournissant l'occasion de répudier la succession paternelle, qui était criblée de dettes, pour accepter la succession maternelle qui rayonnait d'or et d'argent. Ce qui lui valut, au moyen de cette ingénieuse division des patrimoines, subtilement admise par des conseillers d'état amovibles, un boni de 12 millions d'écus bien pesants, bien comptés et bien encoffrés.

Enfin, indépendamment du joyau de la couronne de France, le plus éclatant joyau de l'univers, les chambres voulant gonfler d'or votre famille, comme elles la gonflaient de pouvoir, ajoutèrent, aux immenses richesses de votre père, les meubles et immeubles de la dotation royale de Charles X. J'ai fait trop de fois votre compte, Monseigneur, pour que j'aie encore ici besoin de vous rappeler que vous et les vôtres jouissez du Louvre, des Tuileries et de l'Elysée-Bourbon ainsi que de leurs dépendances; des châteaux de Versailles, Marly, Saint-Cloud, Meudon, Saint-Germain, Compiègne, Fontainebleau et Pau, ainsi que des maisons, bâtiments, fabriques, terres, prés, corps de ferme, bois et forêts qui les composent; des bois de Boulogne et de Vincennes, ainsi que de la forêt de Senart; des diamants, perles, pierreries, statues, tableaux, pierres gravées, musées, bibliothèques et autres monuments des arts, ainsi que des meubles meublants contenus dans l'hôtel du Garde-Meuble et les divers palais et établissements royaux.

Et le bois de Bruadan, ce géant de nos forêts qui dominait dans le Val, sa riche terre d'alluvion, misérablement échangé contre quelques barraques du Palais-Royal, rasé par le pied jusqu'au sol, et mis à flot sur la Loire pour aller remplir de ses bûches, converties en écus, les tonnes de la liste civile!

Et cette anticipation de majorité pour l'apanagiste! et cette rétroactivité de jouissance pour l'apanage!

A-t-elle le génie des affaires, cette liste civile?

A tant de richesses, ajoutez les 12 millions de la rente royale et le treizième par dessus le marché; puis les revenus de l'apanage d'Orléans, puis les revenus du mineur d'Aumale, et vous trouverez, Monseigneur, un annuel de plus de 25 millions.

Ce chiffre posé, reste à examiner si, en droit, les apanages sont aujourd'hui permis, et, en fait, si l'insuffisance du domaine privé rend le vôtre nécessaire.

Quand les rois de notre vieux pays de France se mouraient, ils appelaient leurs fils autour de leur lit, et démembrant l'empire, ils donnaient à Pierre, la Bretagne; à Guillaume, la Normandie; à Robert, l'Artois; à Jean, la Bourgogne, avec leur contenu, villes et terres, biens et manants.

C'est ainsi qu'on en agissait avec nos pères du temps de Childebert, et voilà ce que nos ministres appellent les grandes et belles traditions de l'antique monarchie!

La constitution des nobles apanages de cette antique monarchie entraînait tous les droits féodaux, celui de juger et de punir, celui de lever des tailles sur les juifs, et celui de battre monnaie, même d'or.

Battre monnaie! C'est de tous les droits abolis celui qu'on regrette le plus aujourd'hui pour les apanagistes. Lever des tailles sur les juifs et battre monnaie, même d'or, c'était-là un joli droit du seigneur!

Selon les anciens édits, apanage est dû aux puînés, pour représenter leur part dans le partage de la monarchie.

Selon Loysel, apanage ou apennage, viendrait d'*a pennis*. « C'est, » dit-il si naïvement, « donner des plumes aux jeunes seigneurs, « sortant du nid de leur père, pour commen« cer à voler; » des plumes d'aigle, n'est-ce pas Loysel, et non des plumes de paon toutes éblouissantes d'or, d'azur et de pierreries!

Enfin, selon d'autres ergoteurs, apanage se

tirerait de *panis*, pour nourrir et enviander les princes et leur tenir lieu de leur part dans l'héritage de leur père, qui était réuni, par son avènement, au domaine de la couronne.

J'accepte toutes ces savantes définitions du Glossaire, mais qu'y a-t-il?

La terre de France ne se démembre plus en parts de conquête; elle ne se donne plus à des fils de roi; elle est une et indivisible comme la souveraineté du peuple. Les rois, sur leur lit de mort, sont tout simplement des hommes qui expirent et qui retournent à la cendre d'où ils sont sortis, sans pouvoir disposer d'un clocher de village, eux qui distribuaient jadis des duchés et des royaumes!

Qu'importe qu'apanage vienne de *Pennis* ou de *Panis*? il s'agit bien de cela! Les apanages étaient essentiellement féodaux, et nos lois ont aboli la féodalité. Les apanages ne sont que des majorats, et nos lois ont interdit la constitution des majorats royaux ou particuliers. Les apanages ne sont que des substitutions indéfinies, et nos lois ont prohibé les substitutions indéfinies. Les apanages sont des engagements quasi-perpétuels du domaine de de l'état, et nos lois ont proclamé l'incessante aliénabilité du domaine de l'état. Les apanages immobilisent et amortissent les terres, bois et fermes, et nos lois poussent des deux mains à la division des héritages. Enfin les apanages que l'on veut restaurer seraient en biens-fonds, et les lois de l'assemblée constituante ne voulaient que des rentes apanagères (*).

Mais pour que les aiglons, à parler comme Loysel, commençassent à voler de leurs propres ailes, il faudrait qu'ils fussent chassés du nid royal; pour que le pain vint à leur manquer, il faudrait qu'il n'y en eût plus de cuit dans le four des Tuileries; pour qu'il leur fut donné soit des rentes, soit des biens-fonds, il faudrait que le domaine privé fut insuffisant; pour qu'on les dédommageât de leur part dans l'héritage de leur père, il faudrait que cet héritage eût été dévolu, réuni et incorporé, comme jadis, au domaine de la couronne.

Eh! bien, les aiglons n'ont pas été chassés de leur aire. Le four des Tuileries, qui chauffe à vingt degrés, a toujours du pain de cuit. L'héritage de Louis-Philippe n'a été réuni à la couronne ni en nue-propriété, ni en usufruit, et le domaine privé, loin d'être insuffisant, est très-suffisant, plus que suffisant.

Je dis que le domaine privé est très-suffisant; car le 7 août 1830, il se composait de deux millions de revenu foncier, sans compter les capitaux.

Or, depuis 1830 la liste civile a fait, en aug-

(*) Monarchiquement, les princes devraient rester dans l'étroite dépendance de leur père jusqu'à 25 ans, et dans la dépendance des chambres, toujours.

Jamais d'apanage en biens-fonds, et pour le cas de rentes, vote annuel du budget.

ment du domaine privé, les économies suffisantes que voici :

Profit net du fameux trop perçu.	9 millions
Excédant annuel du revenu sur les dépenses, 15 millions, qui, pour six ans et demi, donnent.	95
Au total. . . .	104 mill.

Mettez 100 millions dont la liste civile a dû bénéficier, tout en dépensant 10 millions par an; et encore, à quoi dépenserait-elle 10 millions? à quoi?

Voyons, qu'on le dise.

Est-ce en bals? mais vingt bals ou fêtes par an, et on ne les donne pas, à 25,000 francs chacun, ne feraient que 500,000 francs. Est-ce en dons et cadeaux? mais 2,000 francs par jour, et on ne les donne pas, ne feraient que 730,000 francs. Est-ce en achat de tableaux? mais soixante tableaux à 10,000 francs chaque, et on ne les achète pas, ne coûteraient que 600,000 francs. Du reste, pas de grosses dépenses de bouche ou de poche; pas de maison militaire; presque pas d'écuries et de voitures; pas de gages énormes de valets et de chambellans; pas de livre rouge, ni de pensions; pas de dettes; le chauffage, le gibier et le poisson, avec les forêts et les eaux de la couronne; pas de jeu, d'équipages de chasse, de spectacles, de chapelle, de toilettes folles; pas de trouées d'intendants. Écritures en ordre, accumulations soignées, capitaux productifs et recettes à jour.

Si je ne mets pas le doigt sur le chiffre; eh bien, qu'on apporte les registres! il le faut, on le doit. Car pour savoir si le domaine privé est insuffisant, il faut qu'on montre le livre des dépenses. Quant à moi, je ne crois pas les courtisans sur parole, je veux voir.

Je veux qu'on me dise aussi pourquoi les ministres, dans leur exposé, ne nous parlent pas de la loi du 21 décembre 1790 qui porte article 1er, « il ne sera concédé à l'avenir, aucun apanage *en biens-fonds.* »

Et pourquoi ils ne nous disent pas que la loi sur la liste civile de 1832 ne s'occupe que de dots éventuelles et non d'apanages.

Et pourquoi ils ne nous expliquent pas comment la dotation des fils du roi serait héréditaire et perpétuelle, tandis que la dotation du roi lui-même n'est que viagère.

Et pourquoi surtout ils ne citent nulle part l'art. 21 qui est ainsi conçu :

« *En cas d'insuffisance du domaine privé,*
« les dotations des fils puînés du roi et des
« princesses ses filles, seront réglées ultérieu-
« rement par des lois spéciales. »

Et pourquoi ils ne rappellent pas non plus l'art. 23 qui porte :

« Le roi peut disposer de son domaine privé, soit par *acte entre vifs*, soit par testament, *sans être assujetti aux règles du code civil, qui limitent la quotité disponible.*

Et pourquoi ils ne nous font pas savoir également que la loi de 1832 n'a laissé au roi la libre disposition de son domaine privé et ne l'a affranchi des prohibitions du code civil, que pour lui donner les moyens de doter convenablement ses fils puînés et ses filles, sans grever le trésor public qui l'est déjà bien assez.

Que penser, après cela, Monseigneur, de la véracité des ministres qui invoquent les lois d'il y a huit siècles, inutiles pour la question, et qui taisent les lois d'il y a trois ans, décisives pour la question, déterrant les mortes et enterrant les vivantes? Et que dire aussi de ces bourgeois législateurs, qui ne paraissent comprendre ni les opinions du temps, ni l'état des mœurs, ni les grands desseins de l'assemblée constituante, ni les intérêts de la révolution de juillet, ni leurs propres œuvres, et qui ne s'aperçoivent pas qu'en vous empanageant, en vous enfieffant, en se mettant genou en terre, pour attacher à vos talons les éperons d'or du chevalier, dans le manoir féodal de Rambouillet, ils travailleraient sourdement au rétablissement de la noblesse, des fiefs impériaux et de l'hérédité de la pairie!

Je suis donc obligé, Monseigneur, puisque vos amis et conseillers s'en écartent, de ramener toujours la question sur son véritable terrain, et c'est ce que nous appelons, en termes de droit, la question préjudicielle.

Le domaine privé est-il insuffisant?

Qu'on le prouve! jusque-là, je maintiens ce que j'ai dit, et j'ai dit que le domaine privé jouissait de deux millions de revenu et de cent millions de capitaux placés à beaux deniers.

Cela étant, vous concluerez avec moi, Monseigneur, que la nation ne vous doit aucun apanage en fonds ni rentes, puisque vous pouvez vous étendre, vous ébattre et vous épanouir à vos aises sur les édredons de le liste civile et dans les liesses du domaine suffisant.

En effet, il ne faut pas faire compte ici de votre frère aîné, lequel reçoit du trésor son petit million de rente, qu'il ne dépense sûrement pas. Votre sœur, la reine des Belges, et vos deux autres sœurs, prélèveraient chacune leur million de dot, sur les économies du domaine privé. Votre jeune frère, le duc d'Aumale, possède deux millions de revenu, dont jouit votre père; resteraient donc à lotir le Prince de Joinville, le Duc de Montpensier et Vous. Or, vous avez déjà la nue-propriété et vous aurez, plus tard, l'usufruit d'une portion des deux millions de revenu foncier du domaine privé. Enfin, le roi peut disposer exclusivement envers vos deux frères et Vous, par acte entre vifs, par donation, par dot, comme font tous les pères de famille qui marient leurs enfants, des quatre-vingt-dix-sept millions restant de capitaux qu'il tient sous clef, en compagnie de plusieurs autres.

Vous voyez donc, Monseigneur, que sans qu'il ne nous en coûte rien, attendu qu'il nous en a assez coûté, vous pouvez être magnifiquement doté par le roi votre père, à moins que vous ne vouliez double dot, ce qui ne se donne jamais, en notre pays de France, même aux filles les plus jolies.

Maintenant, si vous voulez bien le permettre, Monseigneur, en cherchant avec vous un bel emploi des quarante millions de Rambouillet, je croirai vous servir selon vos souhaits et répondre, autant que je le puis, à cette prodigalité de caractère, à cette générosité chevaleresque et à ces grands sentiments qui ont toujours distingué les héros de votre race.

Avec les 40 millions de Rambouillet, vous donneriez des bibliothèques populaires aux trente huit mille communes de France.

Vous institueriez douze mille écoles de couture pour les pauvres femmes de la campagne.

Vous feriez les frais d'établissement de dix mille salles d'asile pour les petits enfans.

Vous ouvririez, dans trois cent cinquante villes, des refuges libres pour les vieillards des deux sexes.

Vous empêcheriez de mourir de faim, pendant deux mois de la saison d'hiver, trente mille ouvriers sans ouvrage.

Vous fonderiez dans les campagnes cinq mille écoles de filles.

Vous fourniriez pendant cinq ans, une pension de cent francs, à cinq mille soldats blessés, estropiés ou infirmes.

Vous doteriez deux cent cinquante professeurs de sciences, d'arts, de mécanique, d'histoire, de morale, de philosophie, de dessin, d'agriculture, de géométrie, d'administration, qui répandraient leurs leçons gratuites dans tous les pays de France les plus ignorants et les plus populeux.

Je ne sais pas si un pareil emploi des 40 millions serait plus monarchique que l'établissement d'un fastueux apanage, mais je crois qu'il serait un peu plus utile, un peu plus national.

Avec les 40 millions de Rambouillet prêtés à des compagnies solides et intelligentes, on couvrirait, sans perte du capital, la France de canaux et de rivières canalisées, de ponts, de fontaines, de ports, de chemins de fer et de routes ; on ferait vivre une multitude d'ouvriers, et l'on produirait 400 millions de travaux.

Avec les 40 millions de Rambouillet, l'on releverait en face de l'étranger les ruines d'Huningue aujourd'hui couchée sous l'herbe. On y construirait la place la plus forte du royaume, et si l'ennemi s'avisait d'y trouver à redire, on vous y enverrait, Monseigneur, pour la défendre contre les gens de l'Autriche et de la Prusse ; ce que vous feriez à merveille.

Avec les 40 millions de Rambouillet, nous

aiderions le trop-plein de nos artisans et de nos laboureurs à transporter en Afrique leurs colonies pacifiques, les instruments et les bonnes méthodes de culture, les procédés perfectionnés de l'industrie, la douceur et la politesse de nos mœurs et les bienfaits de la civilisation; ce qui enrichirait le midi de la France, ce qui allégerait les charges du trésor, et ce qui serait plus beau et plus humain que de rançonner les Arabes, de brûler leurs villes, de couper leurs têtes et de nous montrer aussi barbares que les Barbares.

Enfin, Monseigneur, s'il survenait une guerre qui intéressât véritablement la dignité de la France, c'est-à-dire une guerre contre la souveraineté du peuple, on solderait avec les 40 millions de Rambouillet, pendant une année, une armée de cinquante mille combattants, dans les rangs de laquelle vous figureriez avec honneur, et où vous trouveriez les plus belles occasions de faire éclatervotre reconnaissance pour la nation qui a tant enrichi votre père, et qui a comblé de tant de biens votre heureuse et fortunée maison.

Je vous ai parlé, Monseigneur, un langage que les ministres ne vous ont pas accoutumé à entendre, le langage d'un citoyen. Vaines paroles, je le sais, qui tomberont sans écho sur le marbre de vos salons, et qui seront balayées par vos valets et jetées à la porte comme une vile poussière!

Après tout, ne craignez pas que l'une ou

l'autre chambre soit remplie de loups de l'opposition, hurleurs, comme moi, de dévorantes vérités. Craignez plutôt, craignez ces syrènes ministérielles, ces enchanteurs de paroles qui savent murmurer à l'oreille des princes les plus doux accents de la flatterie. Ils vous diront :

« Nous sommes prêts, Monseigneur, prêts, chapeau bas et le plus bas possible, à vous octroyer tout ce que, dans sa bonté infinie, il plaira à votre Altesse royale de daigner recevoir; d'autant plus, voyez-vous, mon Prince, que cela ne nous coûte absolument rien, puisqu'il s'agit de l'argent des contribuables, non du nôtre; ainsi, n'ayez scrupule et ne vous gênez en aucune façon; prenez, ce n'est rien, ce n'est que le bien du peuple.

Que voulez-vous de plus? parlez! voulez-vous que nous vous dressions des statues, et qu'à l'exemple du sénat de Rome, nous décrétions que vous serez immortel. Nous décréterons, Monseigneur, nous décréterons!

D'ailleurs, ne l'êtes-vous pas immortel? Les palmes d'Anvers couronnent votre tête. Les échos de l'Algérie ont répété le grand nom de Nemours. Mahomet lui-même vous a loué par la bouche de son vénérable iman dans le sanctuaire de sa mosquée. Rien ne manque à votre renommée. Mais si vos lauriers allaient empêcher vos frères de dormir; si vous vouliez céder la place à leurs jeunes courages; si vous croyiez avoir assez de gloire comme cela ; laissez-nous, Monseigneur, prendre soin de vos fatigues, laissez-nous vous procurer les douceurs d'une petite loi de famille et vous préparer des songes riants et dorés, sous les ombrages de Rambouillet. »

UN MOT

SUR LE PAMPHLET DE POLICE,

INTITULÉ :

la Liste civile dévoilée.

PAR M. DE CORMENIN.

PETITES MAXIMES A L'USAGE DES APANAGEURS.

Il y a trois formes de gouvernement :

Le monarchique, qui veut l'unité du pouvoir. Le républicain, qui veut l'égalité des droits politiques. L'aristocratique, qui veut l'inégalité des conditions sociales. Or, les apanages rompent l'unité de la monarchie ; les apanages surmontent l'égalité de la république ; les apanages nourrissent l'inégalité de l'aristocratie.

Si vous êtes monarchie, ayez bien soin de retenir les princes dans l'étroite dépendance de la couronne.

Si vous êtes république, ayez bien soin d'éviter que l'accumulation perpétuelle de la richesse oisive dans quelques mains, ne scandalise le pauvre, n'indigne la vertu, ne corrompe les mœurs, ne décourage le travail et n'opprime la liberté.

Si vous êtes aristocratie, ayez bien soin de restaurer les majorats de la noblesse, les apanages des princes et l'hérédité de la pairie.

Tirez vous-mêmes, mes amis, la conséquence de ces principes.

Autres maximes :

Quand on a lu l'histoire des royaux apanages, on n'en veut ni pour la liberté ni pour la monarchie.

Quand on n'a pas la force de supporter en dedans de soi une opposition parlementaire, on ne doit pas faire la sottise de constituer à côté de soi, une opposition princière.

❀

Quand on est lu par tout le monde, c'est qu'on exprime l'opinion de tout le monde.

Quand on est riche, on trouve toujours des avocats qui disent bonnes vos plus mauvaises causes, des flatteurs qui vous trompent et des amis qui ne veulent pas vous déplaire, belles autorités, que celles-là.

Quand on est agréable à ceux qui souffrent de l'impôt, on est odieux à ceux qui se délectent de l'impôt.

Quand on dit la vérité aux ministres, aux courtisans, aux sophistes et aux mangeurs, on a contre soi les ministres, les courtisans et les mangeurs.

❀

Quand on a retenu pour donner, il ne faut pas encore demander pour retenir.

Quand on a satisfait son appétit, il faut songer à la faim des autres.

Quand on a bien dîné, il faut lever la nappe et ne pas demander qu'on remette le couvert.

❀

Quand on fait des lois sur le domaine suffisant, il faut les exécuter.

Quand on doit, il ne suffit pas d'alléguer qu'on n'a pas de quoi payer, il faut le prouver.

Quand on vous demande des comptes, on ne répond pas par des respects.

Quand on a à donner de bonnes raisons, on ne dit pas de grosses injures.

Quand on vous pousse une argumentation, on ne vous réfute pas par la menace d'un procès.

Quand on ne sait plus que répondre aux gens, on n'affile pas dans l'ombre un poignard pour les occire.

Et, voici pourquoi :

C'est que des respects ne prouvent pas contre des budgets, ni des injures contre des arguments, ni des procès contre la logique, ni des poignards contre le droit.

Quand on a l'honneur de défendre un gouvernement de publicité, on ne doit pas rougir de se nommer.

Quand on a, à sa disposition, des plumes élégantes et polies, des fleurs d'esprit, du goût et du style, on n'emploie pas des plumes trempées dans la fange des ruisseaux.

Quand on est ménager de la fortune de la nation, on ne paie pas, avec l'argent de la nation, ceux qui écrivent qu'il faut lui prendre son bien.

Quand on voile les dépenses de la *liste civile*, on ment lorsqu'on dit qu'on les dévoile.

Quand on n'est ni de Joigny, ni électeur, ni marchand de bois, on ment lorsqu'on dit qu'on est de Joigny, qu'on est électeur, et qu'on est marchand de bois.

Quand on soutient que votre adversaire a été émigré, qu'il prend un titre, qu'il garde un majorat, qu'il était lié avec un ministre de Charles X, et qu'il n'a pas voté libéralement, on ment si l'on ne prouve qu'il a, en effet, émigré, qu'il prend un titre, qu'il garde un majorat, qu'il était lié avec ce ministre et qu'il a voté illibéralement.

Quand on prétend que la presse est libre, il ne faut pas avoir la lâcheté de permettre, en pleine rue, l'attaque de la police, et d'interdire la défense de l'écrivain.

UN MOT

SUR LE PAMPHLET DE POLICE, INTITULÉ :

LA LISTE CIVILE DÉVOILÉE.

L'AUTRE jour, étant de chambre, mes amis vinrent à moi et me dirent : Eh bien ! avez-vous lu la *Liste civile dévoilée?* de qui est cette rapsodie? est-ce, en effet, d'un électeur de Joigny ?

— D'un électeur de Joigny? Allons donc, vous vous moquez ! est-ce que mes compatriotes ne savent pas que j'étais en nourrice quand l'émigration se fit?

— Ah ! vous n'avez donc pas, comme ils disent, anciennement émigré avec Louis-Philippe ! La rapsodie serait-elle d'un conseiller d'état?

—Pas davantage. Il n'y a pas de conseiller d'état qui ne sache que je n'ai, de ma vie, parlé à M. de Villèle et que je lui ai même fait perdre un procès contre un acquéreur de biens nationaux.

— Ah! vous n'étiez pas l'ami intime de M. de Villèle! et si la rapsodie était d'un député de 1829?

—Y songez-vous? Les députés de ce temps-là savent que j'ai parlé contre le cumul, rejeté le budget, voté l'adresse des 221 et que j'étais alors aussi libéral pour le moins que M. Guizot d'alors.

— Ah! vous étiez aussi libéral que M. Guizot d'alors! Mais si ce n'est ni un électeur, ni un conseiller d'état, ni un député, ni un homme d'esprit qui a broché ça, qui est-ce donc?

— Qui est-ce? qui est-ce?... Je m'y perds. Vous croyez, peut-être, que cela est facile à deviner!

Et vous autres, mes amis, aidez-moi donc, devinez-vous?

— Non vraiment, mais nous chercherons.

— Eh bien, si vous trouvez notre homme, ayez la bonté de lui dire, en deux mots, une fois pour toutes et à n'y plus revenir que, logicien sincère et complet, j'ai répudié titres et majorats; que, logicien sincère et complet, j'ai voté, sous la restauration, contre les cumuls et les dotations, contre l'hérédité de la pairie, contre les entraves des élections, de la presse et du jury, contre le ministère Polignac et contre le budget, et depuis la révolution de juillet, vous savez contre quoi et contre qui; et vous pouvez même ajouter que les légitimistes, qui m'ont appelé le dialecticien de la révolution, témoignent assez par-là que je ne suis pas des leurs. Mais tout à l'opposite que nos deux principes soient l'un de l'autre, ils m'honorent, et ils ont raison, de n'avoir pas, comme tant d'autres, bassement outragé un gouvernement que j'avais servi, parce qu'il n'y a que des lâches qui fassent cela et que je n'ai pas pour habitude de frapper les gens lorsqu'ils sont à terre.

Mais je combats ceux qui sont debout et qui attaquent, comme le pamphlétaire de la *Liste civile dévoilée*, les libertés et l'argent du peuple.

Ce n'est pas au moins que j'aie affaire à un

mince joûteur dans cet homme là ; car il n'est pas seulement diseur d'injures, voyez-vous, il est jurisconsulte, il est économiste, il est politique et il est chiffreur. Homme redoutable !

Après le diseur d'injures, voici venir le jurisconsulte qui m'apostrophe :

— Savez-vous bien, M. Cormenin, que Childebert était un grand monarque, un monarque de l'antique monarchie, qui affectionnait beaucoup les apanages. Or, pourquoi voulez-vous que, nous autres de la police, nous ne fassions pas aussi de la monarchie antique, et que nous ne ressemblions pas à ce vieux Childebert ?

—Moi ! je n'empêche que vous ressembliez à qui vous plaira. Mais j'ai idée qu'il faut être de son temps; que nous ne vivons pas du temps de Childebert, ni de Louis XIV, ni même de Napoléon ; que le gouvernement de juillet a été fondé sur l'égalité dont tout le monde veut, et non sur la féodalité dont personne ne veut, et que c'est assez là le sentiment de toute la France.

— Mais si la majorité de la chambre allait

vouloir rétablir, avec les apanages, la féodalité abolie par l'Assemblée Constituante, par la révolution de 89, par la révolution de 1830, par la charte du 7 août, par la loi de 1832, et par la réprobation unanime de l'opinion publique, qu'auriez-vous à dire?

—Moi, je dirai, je croirai jusqu'à preuve contraire, que la majorité de la chambre est trop sage, trop éclairée, trop conséquente, pour conclure de l'ancien au nouveau, du faux au vrai, de la contre-révolution à la révolution, de la féodalité à l'égalité, et pour vouloir ce qui est anti-bourgeois, anti-populaire, anti-français.

Cependant je suis obligé de convenir que Childebert aurait fait encore de plus grandes choses, s'il avait eu, au service de *sa Liste civile dévoilée*, un jurisconsulte de la force du nôtre.

Mais, par exemple, le bon roi aurait été tant soit peu ébahi, lui qui était fort charitable, si l'économiste de sa *Liste civile dévoilée*, s'en fût venu lui dire, qu'il vaut mieux donner des fêtes somptueuses à des courtisans qui ne manquent de rien, que de nourrir des vieillards infirmes, de pauvres mères en couche, et de petits enfants qui meurent de faim sur la paille de leur grenier.

C'est que, de votre temps, Childebert, l'on n'était pas aussi avancé que nos policiers dans la science de l'économie politique, et quant à la politique pure, on peut dire que vous n'y entendiez rien du tout, et ce n'est pas vous ni gens de votre cour, qui nous auriez donné à deviner le logogriphe suivant, qui est bien de l'auteur de la *Liste civile dévoilée*, et que je vas vous dire.

La Belgique (c'est lui qui parle et non pas moi), la Belgique doit beaucoup à la France. Vous allez en conclure, vous autres, que, puisque la Belgique doit beaucoup à la France, il faut que la Belgique paie à la France ce qu'elle lui doit. Mais vous n'y êtes pas, c'est la France qui doit payer à la Belgique ce qu'elle ne lui doit pas; et ce qu'elle ne lui doit pas, c'est le million !

Voilà, dit l'homme de la police, ce que les ministres n'ont pas assez bien compris. Il est vrai que nous avons des ministres qui ont la cervelle si dure! mais, en revanche, les contribuables, eux, ont bien plus alertement compris la chose!

Toutefois, il paraît que l'intelligence politique leur serait vite revenue à nos ministres. Car ce n'était, dans les commencements, qu'une toute petite loi de famille, un arrangement de finance, un article de budjet, une question d'argent, une bagatelle, moins que rien; maintenant, à les entendre eux et leurs porte-écritoires, ce n'est plus qu'une question politique, uniquement politique.

Ainsi, l'on a une liste civile de 12 millions payables en beaux écus, par douzième, chaque mois, le premier du mois et d'avance; question politique!

L'on a l'usufruit du domaine privé qui rapporte deux millions de francs; question politique!

L'on a l'apanage d'Orléans dont l'annuel se touche en traites de marchands de bois; question politique!

L'on a perçu en sus des 12 millions de liste

civile fixés pour toute la durée du règne, par l'art. 17 de la loi du 2 mars 1832, une autre somme ronde de neuf millions; question politique!

L'on veut compenser quatre millions, que la liste civile doit à l'État, avec quatre millions que l'État ne doit pas à la liste civile; question politique!

L'on demande un million de dot pour la reine des Belges, en pièces de cent sous, toutes neuves; question politique!

L'on demande quarante millions d'apanage pour le duc de Nemours, en forêts, en bois de chauffage et de charpente; question politique!

Serviteurs de l'antichambre, écrivains de la police, argumentateurs de la cassette, gouverneurs, mangeurs, blanchisseurs et teinturiers de la liste civile dévoilée ou non, grands et profonds politiques, pourriez-vous me dire où s'en est allée la race de Childebert, avec ses beaux apanages? Et Napoléon qui apanageait ses frères, non pas avec de petites terrettes qu'il prenait au peuple, mais avec des villes, des duchés et des royaumes qu'il prenait à l'ennemi, qu'est-il devenu? Et l'apanage d'Orléans, a-t-il soutenu sur le penchant de sa ruine l'antique monarchie de Louis XVI? Et l'apanage du comte d'Artois, a-t-il empêché la couronne de Charles X d'être brisée d'un coup de pavé?

Or, si les ducs, rois et empereurs apanageurs et apanagés, sont tombés d'une si lourde chûte, ne dites plus, malgré l'histoire, que les apanages raffermissent les monarchies; mais dites plutôt qu'ils blessent l'égalité, qu'ils dépouillent le peuple, et qu'ils ruinent les contribuables, et vous serez dans le vrai, et nous vous croirons!

De tout ceci, que conclure? C'est que l'auteur de la *Liste civile dévoilée* n'est fort, véritablement fort et très-fort que sur la partie des injures; comme jurisconsulte, il ne l'est guère, comme politique point, comme économiste moins encore. Je ne dis pas économiseur, et même il serait fort, je l'avouerai, dans la partie des chiffres, s'il les faisait exacts, c'est-à-dire s'il ne diminuait pas les recettes pour enfler les dépenses.

Nous vérifierons plus tard, afin de les réduire, les mémoires de travaux, entreprises et fournitures de notre vantard, qui ressemblent un peu trop à des mémoires d'apothicaire, et nous ferons voir qu'il trompe le public, qu'il met ses drogues à trop haut prix, et qu'il faut en rabattre de moitié.

En ce moment, je suis pressé, et, comme doit le faire tout bon logicien, j'arrive droit à la question, et je la pose en ces termes :

L'article 21 de la loi du 2 mars 1832 porte ;
« *En cas d'insuffisance du domaine privé*, les
« dotations des fils puînés du roi et des prin-
« cesses ses filles, seront réglées ultérieure-
« ment par des lois spéciales. »

Cela posé, je prie la cour et la ville, je prie mes amis et mes ennemis, je prie le peuple et les bourgeois, je prie les journalistes de la mauvaise presse et même ceux de la bonne, je prie les référendaires à la cour des comptes, je prie les négociants, marchands et banquiers, je prie les teneurs de livres et les demoiselles de comptoir, je prie messieurs les crieurs et mesdames les crieuses qui hurlent mon nom au coin de la borne, je prie ceux qui lisent et surtout ceux qui paient, de ne pas regarder de droite et de gauche, de porter la main à leur front, et de bien se souvenir, jusqu'à l'heure de leur mort, que la vraie question, la seule question, toute la question est et sera, aujourd'hui et dans tous les temps, celle-ci :

« Le domaine privé est-il ou n'est-il pas « *suffisant* pour fournir dot à la reine Belge « et à Monseigneur? »

Or, pour résoudre cette question, qui est, je le répéterai cent fois, mille fois, toute la question, je n'ai besoin que de trois chiffres.

Le domaine privé jouit-il en biens fonds, au soleil, au sû et au vû de tout le monde, de deux millions de revenu pour le moins, et le niez-vous ?

Non. Eh bien! voilà d'abord en revenu. 2,000,000

Voyons les capitaux.

Le domaine privé n'a-t-il pas, depuis 1830, reçu 9 millions en sus du chiffre de la liste civile fixée à 12

A reporter. . . 2,000,001

Ci-contre. . . . 2,000,000

millions pour tout le règne, entendez-vous, *tout* le règne ? le niez-vous ?

Non. Posons-donc. 9,000,000

Le domaine privé n'a-t-il pas acquis de M. Lafitte la forêt de Breteuil, dont on offre 14 millions et qui les vaut. Le niez-vous ?

Non. Posons-donc. 14,000,000

Total. 23,000,000

Maintenant décomptons :

Sur les 23 millions de capitaux, le domaine privé donnerait à chacune des trois princesses, un million.

Ci 3 millions. . . . 3,000,000

Reste. 20,000,000

Sur ces 20 millions, il donnerait au duc de Nemours 8 millions.

Ci 8 millions. . . . 8,000,000

Reste. 12,000,000

Sur les 2 millions de revenu, le domaine privé donnerait au duc de Nemours 300 mille francs de rente.

Ci 300 mille francs. . 300,000

Reste. 1,700,000

Ainsi, après avoir fourni à la reine des Belges un million de dot, et au duc de Nemours 8 millions de capitaux et 300 mille francs de rente, le domaine privé restera en possession,

En capitaux, de. . . 12,000,000

En revenu, de. . . 1,700,000

Oserait-on-dire, après cela, que le domaine privé n'est pas suffisant, suffisant pour le présent, suffisant pour l'avenir : l'osera-t-on?

Si on l'osait, eh bien j'oserais à mon tour, moi qui reste, ici, par discrétion, par modération, au-dessous du chiffre, bien au-dessous de la vérité, j'oserais déchirer les bandeaux officiels dont on s'enveloppe; et je prouverais qu'il est impossible d'entasser à la fois plus de fausses imputations, de faux raisonnements et de faux chiffres, que l'auteur voilé de la *Liste dévoilée*; que les passants en haussent les épaules ; que les colporteurs qui la crient sont les premiers à en rire ; qu'on a posé les chiffres au hasard, comme ils venaient au bout de la plume : un million plutôt qu'un demi-million, cent plutôt que dix, et ainsi du reste ; que les dépenses de Versailles, de Compiègne et des Tuileries sont d'une enflure à les faire crever de ridicule ; qu'avec tout l'or dont on parle on dorerait la salle des maréchaux, des pieds à la tête et sur toutes les coutures ; qu'avec la masse de fer qu'on fait entrer dans les voussures de la salle des batailles, on ne trouverait pas de murailles, fussent-elles de marbre, de force à la supporter ; qu'avec les sommes qu'on assigne à la réparation seulement des châteaux, on reconstruirait à neuf et en entier les châteaux eux-mêmes ; que l'escalier à lui seul coûterait plus cher que le logis ; et que s'il pouvait se rencontrer des architectes assez fous pour gaspiller tant d'argent de la sorte, il faudrait, non pas leur faire bâtir des palais, mais les envoyer aux Petites-Maisons. Et si l'on nie, je prouverai, pour lui faire plaisir, que la famille d'Orléans est, fut et sera la famille la plus riche de notre Europe; si l'on nie, je déploirai l'ensemble de la recette dont tous ces faiseurs de compte n'ont pas dit un seul mot, comme si ce n'était rien dans un compte que la recette! et je déduirai de la recette les dépenses ordinaires et les dépenses extraordinaires; et puis, je multiplierai le chiffre du restant par le chiffre du règne, et puis nous verrons bien ce qu'il y aura! Et si les gens du domaine privé me contestent le chiffre de 23 millions, en boni, je poserai le chiffre de 100, et si l'on me demande où sont mes preuves, il faudra bien que j'entre de vive force dans les détails, dans ce qu'on a appelé les sales détails. Il faudra bien que je dise et quel est le nombre des chevaux, et quel est le nombre des domestiques; et ce qui se brûle de cordes de bois dans les foyers de la royauté, et ce qu'on allume de bougies dans ses girandoles; il faudra que je dise si c'est par dédain pour de misérables richesses, qu'on ne fait compte ni des 32 millions de mobilier des châteaux, ni des tapis, soieries et tentures empilés dans le garde-meubles, ni des magnifiques peaux de ces lapins si méchamment mis à mort en juillet, dans les forêts de la couronne; il faudra que je dise combien de bois possède la liste civile, combien l'apanage d'Orléans, combien la reine, combien les princesses, combien madame, combien le domaine privé, combien l'usufruit du mineur d'Aumale; et ce que de centaines de lieues carrées couvrent ces forêts princières, ex-apanagères, ducales et royales; et ce qu'elles rapportent: terme moyen, bon an, mal an; et ce que rend le Palais-Royal, et ce que produit le canal d'Orléans; et il faudra bien que j'arrive, par le calcul de l'excédant des recettes sur les dépenses, à mettre le doigt, non la main, sur les énormes valeurs du portefeuille; et que je cherche, par l'analogie, à dégager l'inconnue; et que je sonde dans ses cavités les mystères de la cassette; et que, sans le secours de la baguette divinatoire, je fasse jaillir à la lumière les sources cachées du revenu; et que je démontre que l'octroi d'un domaine privé implique l'obligation de doter garçons et filles, par cette raison sans rétorque, que les charges doivent suivre les bénéfices, et qu'après avoir retenu pour donner, on ne peut pas encore demander pour retenir. Et si l'on dit de mes chiffres qu'ils diffament parce qu'ils sont vrais, je demanderai le nom qu'on leur donnerait, s'ils étaient faux; et si l'on me dit que je suis l'ennemi du peuple, parce que je défends son bien, je demanderai si je serais son ami en le gaspillant; et si l'on me refoule dans mon droit, si l'on opprime mon courage, si l'on prétend me condamner au silence, je demanderai s'il y a donc des situations que le respect défende d'interroger, des abus que l'inviolabilité puisse couvrir, des affirmations de ministres qu'on doive admettre sans examen, comme autant d'articles de foi, des réticences de pudeur qui aient, en matière de comptabilité, la valeur d'une preuve; si la justification d'une insuffisance de fortune est un outrage, si le contrôle d'une obligation légale est un crime, et s'il est permis dans une nation civilisée et sous un gouvernement libre, de répondre, à des argumentations de chiffres, par des menaces d'assassinat!

Eh! mon Dieu! après tout, qu'ai-je donc dit? qu'ai-je prouvé? J'ai dit, j'ai prouvé, que la *Liste civile dévoilée* n'a pas un sou à demander aux contribuables; qu'elle peut largement doter princes et princesses, en terres ou en argent, à son choix ou à leur plaisir, et, qu'après cela, il lui restera encore de grosses sommes à prêter au trésor, au commerce, aux particuliers, à tous ceux qui en voudront, pourvu qu'ils les rendent, à échéance fixe et avec intérêt, bien entendu.

Voilà tout ce que j'ai dit, tout ce que j'ai prouvé. Mais c'était trop, je l'avoue, beaucoup trop; aussi, quand j'ai vu tout ce bruit de tempête, tous ces amas de colères qui tombaient sur moi, je me suis mis les mains sur la tête pour me garer. Un grand remords a surgi dans mon âme, pour parler comme M. Fonfrède, et je me suis repenti de mon égarement. C'est ma faute aussi, me dis-je, c'est ma faute. Pourquoi ai-je publié la vérité? Qu'allai-je donner des chiffres exacts? Est-ce que j'aurais dû faire, il y a cinq ans, descendre la Liste civile dévoilée, de 14 millions à 12 millions? Est-ce qu'il aurait dû me venir en l'esprit, que l'apanage de Rambouillet pourrait bien consister et se comporter aux alentours d'une quarantaine de millions, et que la nation ne le devait ni en terres ni en rentes? Est-ce que j'aurais dû prétendre, et surtout prouver, que le domaine privé est riche et plus que suffisant? Est-ce qu'on doit jamais dire de ces choses-là?

C'est beaucoup pour moi, au moins, si je m'en tire sauf, sans perte de l'œil ou de la main; car les scribes de la bonne presse me menacent à la fois, de la part de messieurs les pairs, de messeigneurs les ministres, et même de la part de monseigneur et maître le peuple souverain à qui je coupe les vivres, voyez-vous bien? Moi cependant, qui vis retiré entre mes piles de livres, moi casanier, bonhomme, sans haine ni fiel, même contre l'auteur de la *Liste civile dévoilée*, que j'aurais plaisir à dire et nommer comme il se nomme, un gros propriétaire, un riche marchand de bois, bien en Cour; un capitaliste renforcé, un homme fort en état, sans recourir à ses voisins, de doter et établir convenablement sa petite famille, s'il en a.

Si je mets le pied hors du logis, vite on m'assourdit les oreilles de *voilà la brochure de la*

Police! voilà la brochure! et les colporteurs avinés qui la hurlent, tombent avec elle dans le ruisseau. Des sergents de ville, c'est pour moi bien de l'honneur, messieurs, montent la garde autour de mon nom. Le doctrinaire me haît. Le courtisan, qui va au château, me rase avec la roue de son équipage, pour me couvrir de boue. Un journaliste de la bonne presse, qui me regarde entre les deux yeux, dit qu'il y a en moi du Fieschi, et un autre du Meunier; celui-ci, que je bourre les fusils, et celui-là que je les tire; que j'ai fait plus de mal à la monarchie, à la république, à la nation, à la France, à tout le monde, que dix ans de calamités, de guerre, de peste et de famine; que j'accapare les subsistances du pauvre peuple; que je finirai par le faire mourir de faim; que c'est très-mal à moi, c'est vrai, c'est très-mal; que je suis un méchant, un méchant traître, un régicide ou quasi-régicide, un véritable monstre, un pendu, non pas encore, s'il vous plaît!

Et tout cela parce que j'ai une plume taillée en pointe, qui touche, enfile et perce les hommes d'argent! Et tout cela parce que les mains calleuses de cent mille artisans et laboureurs usent ma petite lettre, à se la passer d'échoppe en échoppe et de chaumière en chaumière!

Quinze éditions déjà lues et dévorées par le peuple! son instinct si sûr, si rapide, lui aurait-il fait sentir qu'il y a, au fond de ma lettre, une haute question sociale d'engagée? Toute la question politique y serait-elle par hasard aussi? *Vox populi*, *vox Dei*. Quel avertissement du ciel! quel trait de lumière! Est-ce qu'on méditerait une contre-révolution aristocratique? Est-ce qu'on voudrait rétablir l'hérédité de la pairie? Est-ce que la restauration des apanages serait un pas de fait sur ce chemin-là! Déjà le char des doctrinaires retournait à course déployée. Mais quoi! un grain, un petit grain de sable sous la roue, c'est le mien et le char enraye.

Mon adversaire qui, dans son commerce en gros de bois, de vins et autres denrées, car il paraît qu'il fait argent de tout, est devenu pas mal riche, se gausse de moi, pauvre hère, dit-il, sans toit presque ni feu, ayant le pourpoint percé, le gel aux doigts et vivant de ma plume! O que cette plume-là me ferait riche, si elle me donnait autant de rapport qu'elle leur cause de terreurs! O que je serais riche, si j'avais voulu abaisser ma fière indépendance devant la corruption de leurs faveurs! Cet or, votre songe d'amour, cet or, votre dieu, votre unique dieu, au pied duquel vous faites trois signes de croix, la tête découverte et genou en terre, gardez-le, gardez-le bien. J'aime mieux la liberté, la pauvre liberté!

Eh! que m'importe de n'être pas riche, si le soir, à la lueur de sa lampe, le peuple me lit, si le peuple m'aime. Voilà mon heur! je n'en veux d'autre.

Pamphlets d'académie, pamphlets de cour, pamphlets de police, rapport sûr, gros rapport. Pamphlets du peuple, mauvais bien; force injures, lâches persécutions, haines à en mourir, l'amende, la prison, et au bout, le hart, voilà le plus clair de son revenu. D'argent, peu; mais le peu qu'il y a, venant du peuple, doit s'en aller en deux parts : l'une à vous, mon éditeur, l'autre à lui. Souvenez-vous, M. Pagnerre, de ce que je vous dis là : à lui la prochaine édition de ma petite lettre !

Si encore la *Liste civile dévoilée* voulait doter cette chère enfant de la moindre de ses générosités ! mais c'est à n'y pas songer. Outre que la *Liste civile dévoilée* n'est pas avec moi de trop belle humeur, et pour cause, celui auquel j'ai l'honneur de répondre et d'adresser, en finissant, mes très-humbles respects, l'a faite ou dite si endettée, si enguenillée, si pauvresse, qu'en fouillant à pleine main dans son escarcelle, à peine en pourrait-il retirer une piécette. Je me vois donc forcé d'avoir, monsieur le rédacteur, recours à votre obligeance, pour vous prier d'annoncer que la nouvelle édition de ma lettre, qui est sous presse, sera vendue au profit des ouvriers de Lyon. Au défaut de la liste civile et du domaine suffisant, je recommande cette fille de mes œuvres, quinzième du nom, à toutes les âmes charitables.

Imprimerie de Madame PORTHMANN,
rue du Hasard-Richelieu, 8.

CONCLUSUM.

ORDONNANCE DU 18 AVRIL 1837.

Art. unique. Le projet de loi sur l'apanage est retiré.

A vous, encore une fois, beaux parlementaires, à vous les dés et jouons sur table. Gros est l'enjeu, enjeu de millions. Comment? tous ensemble, tous contre moi! L'un après l'autre, mes maîtres, je vous ferai tête, n'ayez souci. Attention, et pas de bruit; je joue contre vous la partie du peuple.

Pauvre peuple! la veine n'est pas pour lui et je vois sacoches de princes, de princesses et de ministres, qui allongent, qui élargissent leurs gueules béantes pour engloutir millions d'épingles, millions de dotation, millions de dot, millions de fonds secrets, millions d'apanage.

Et vous aussi M. Dupin, vous homme du peuple, roturier de naissance, d'opinion, de manières et de langage, roturier de la bonne et vieille espèce, brusque, rude, caustique, original, vous aussi M. Dupin, vous qui étiez des nôtres, vous voilà des leurs, et comme il vous va bien de chausser à vos souliers ferrés le bas de soie du courtisan!

Vous qui avez dit, qui avez écrit : *c'est à qui en demandera de l'argent, c'est à qui en aura*, vous en donnez donc à qui en demande! vous en donnez donc à qui en a!

Et c'est vous qui desserrez de vos deux doigts la bourse de cuir du pauvre, pour en tirer son dernier écu ! Et c'est vous qui m'attaquez pour avoir défendu ce que vous aimez, ce que vous voulez comme moi au fond de l'âme, ce que vous ne pouvez ne pas vouloir ! Et c'est vous qui dites que vous auriez préféré que je fisse un discours plutôt qu'un pamphlet, je le crois bien !

Pamphlet, ma bonne et forte lame que j'ai toujours pendue à ma gauche, je ne te quitterai pas pour aller combattre à la tribune avec un sabre de bois. Arme des Pascal, des Beaumarchais et des Courrier, tu es passée dans mes mains, je te tiens et je ne te quitterai pas ! nous avons encore à faire ensemble plus d'une campagne.

Pamphlet, si je t'ai pris pour compagnon, pour compagnon de guerre, c'est que tu te jettes seul et tête baissée dans le feu de la bataille ; c'est que tu presses, hardi lutteur, la face et les flancs de nos ennemis ; que tu ne crains ni leur nombre, ni leur audace, ni leurs cris, ni leurs vengeances, ni leurs embûches, ni leurs calomnies ; c'est que tu es léger, grave, incisif, coloré, nerveux, piquant, joyeux, mordant, logique ; c'est que tu philosophes, que tu ris, que tu pleures, que tu chiffres, que tu railles, que tu argumentes ; que tu plais aux ouvriers, aux femmes, aux académiciens, aux jeunes gens, aux bourgeois, au peuple ; que tu as des flammes qui brûlent et des traits effilés qui se glissent sous l'épiderme ; que tu donnes la vie, que tu donnes la mort ; que tu te fais aimer et haïr jusqu'à la fureur ; que tu te fais lire jusqu'au bout sans s'arrêter ; que tu brilles de la clarté du jour, que tu voles des ailes de l'épervier, que tu éclates des bruits de la foudre ; que tu écris comme on parle, que tu parles à tout le monde et comme tout le monde ; que tu as les caprices de la grâce, l'indépendance de notre caractère, le tour vif et l'entrain de notre génie ; que tu es vrai, qué tu es simple, que tu es naturel, que tu es national, que tu es français !

Et pour te rabaisser, Pamphlet, mon brave compagnon, il ne faut pas que les discoureurs de tribune s'en viennent dire : Mais qu'est-ce donc qu'un pamphlet? la bonne question! Qu'est-ce donc qu'un pamphlet? mais c'est par fois une puissance plus formidable que les harangues parlementaires, que les réquisitoires des procureurs généraux, que les traités de politique et que les gros livres ; c'est l'expression la plus vivante et la plus universelle de la presse ; c'est la publicité retentissante de vingt éditions, de cent journaux et de cinq cent mille lecteurs ! c'est la voix, non pas du pays légal, du pays, payé, du tout petit pays, mais du pays payant et pas content, du vrai pays, du grand pays.

Et il ne faut pas ajouter : Que serait le pamphlet sans l'opinion? car je dirai, à mon tour, que serait aussi l'écho sans la voix? que serait aussi la tribune sans l'orateur?

Rien ne bougeait au clocher. J'ai sonné le tocsin et le peuple est accouru.

Le son dormait dans les tuyaux de l'orgue. J'ai mis la main sur le clavier et la nef s'est animée.

J'ai frappé le caillou et l'étincelle a brillé.

J'ai fait courir dans la fibre bourgeoise et populaire des frissons d'égalité, et cette fibre a tressailli.

J'ai enfoncé le doigt dans la plaie vive, dans la plaie d'argent, et les hommes d'argent ont crié!

Sans les lettres sur *la liste civile*, saurait-on au juste ce que nous coûte la liste civile? Sans le pamphlet contre l'apanage, 40 millions de forêts nationales auraient déjà passé des mains du peuple dans celles d'un duc.

Ne dites donc pas de mal en public, monsieur Dupin, de ces pamphlets que vous dévorez en cachette et n'abusez pas du faible que j'ai pour vous. Car, au moment de vous frapper, et vous savez que je vise assez juste, j'ai détourné la main un peu à droite et j'ai atteint à la tempe ce malheureux M. Muret de Bord, qui cheminait en compagnie de sa presse gouvernementale. Aussi, que va-t-il se mettre devant moi? Quel besoin avais-je d'apprendre à la postérité qu'il existait, en l'an de grâce 1837, un député de l'arrondissement de La Châtre, du nom de Muret de Bord, et à qui je disais : Si vous voulez une presse à bon marché pour obtenir un gouvernement à bon marché, vous avez raison. Si vous voulez une presse à bon marché pour soutenir un gouvernement cher, vous avez tort. Si vous gouvernez bien, de quoi vous servirait-elle, cette presse? Si vous gouvernez mal, qui en voudrait? Pamphlets de police, journaux de police, personne ne les achètera, si vous les vendez; personne ne les lira, si vous les donnez pour rien.

N'avez-vous pas déjà, gouvernementistes, quatre journaux de Paris et cinquante journaux de préfecture qui, soir et matin, vomissent contre nous des torrents de flamme, comme les bouches de la Chimère? N'avez-vous pas imprimé, aux frais du trésor, 30 mille exemplaires de *la Liste civile dévoilée*, les uns s'en allant, au fil du ruisseau, tomber dans les égoûts; les autres, jetés sur le comptoir des boutiques par vos hurleurs de police, qui se sauvaient comme s'ils eussent fait un mauvais coup; ceux-ci, entassés par ballots dans les maisons de roulage, avec destination pour les capitales de département, justices de paix, mairies de village et ports de mer; ceux-là, vociférés avec faux titre et faux nom, au coin des bornes. Voilà, je l'espère, de la presse gouvernementale à bon marché, puisqu'elle ne coûtait que la peine de la ramasser dans les ordures! Eh bien, qui avez-vous convaincu avec vos journaux? avec vos libelles, qui avez-vous reconduit dans vos voies? N'en avez-vous pas moins été obligés de retirer la loi d'apanage? Parlez, personne ne vous écoute; écrivez, personne ne vous lit; prêchez, personne ne vous croit; la foi n'est pas sur vos lèvres, parce qu'elle n'est pas dans vos cœurs. La vérité n'est pas avec vous, parce que vous n'êtes pas avec le peuple!

N'est-ce pas vous, monsieur Jaubert, qui avez dit que mon pamphlet est incendiaire? vous avez dit vrai, car j'ai si bien incendié la loi d'apanage, qu'il n'en reste plus même la cendre, les ministres l'ont jetée au vent.

Vous prétendez que vous serez vainqueurs l'année prochaine ; en attendant, vous êtes vaincus cette année-ci, et nous verrons bien à l'autre ; que vous m'auriez renversé infailliblement ; en attendant, je suis debout et vous êtes à terre ; que l'institution des apanages et l'hérédité de la pairie sont deux sœurs de visage différent ; en attendant, elles se ressemblent comme deux gouttes d'eau ; que l'opinion est égarée ; en attendant, vous ne la ramenez pas ; que la majorité est pour sûr avec vous ; en attendant, elle vous quitte.

Si vous vous relevez de votre chute, apanageurs, et si vous ne vous trouvez pas assez meurtris comme cela, ayez la complaisance de me le faire dire ; j'irai vous prendre corps à corps sur votre propre terrain, et je vous porterai le coup de grâce.

A vous, pour en finir, M. de Montalivet ; car à tout seigneur tout honneur. Je ne suis ni seigneur, moi, ni grand seigneur, ni monseigneur ; aussi, du haut de vos Tuileries, me traitez-vous sans façon ou à votre façon.

Mais, voyez-vous, monsieur le comte, lorsqu'on veut ressembler aux gens, il faut tâcher de leur ressembler par leurs beaux côtés. Ne croyez donc pas que, parce que vous escamoteriez un apanage, ou que vous encombreriez de tableaux les galeries de Versailles, vous seriez ni plus ni moins que des Louis XIV. Ayez une législature servile, et vous décrocherez votre apanage ; prenez un marteau, un clou doré et quatre hommes de peine, et vous accrocherez vos peintures aux lambris de l'OEil-de-Bœuf. Mais ce que vous ni moi ne pouvons faire, c'est que vous parliez le langage noble et décent des Sévigné, des Dangeau, des Lauzun et des Vivonne, ces brillants seigneurs de la cour de Louis XIV. Ce n'est pas ma faute, ni peut-être la vôtre, si l'on ne fait pas plus vite son éducation à la cour de sa majesté citoyenne, et je ne suis pas surpris que les femmes polies et les gens bien élevés du faubourg Saint-Germain ne hantent pas les lieux où vous vivez. Vous avez beau faire, monsieur le comte, il vous manquera toujours quelque chose des traditions de l'antique monarchie. Que voulez-vous, on ne peut pas tout avoir à la fois, des millions et des grâces !

Au surplus, tenez, si vous n'avez pas été très-parfaitement poli, vous avez du moins été franc, et c'est plus rare encore pour un ministre. Allons, allons ! est-ce que je ne sais pas ce qui se passe dans les petits soupers des petits appartements? Quand la flamme bleue du punch brille au bord des verres, on se dit : « Concevez-vous ce Cormenin, qui nous refuse de l'argent et qui défend le bien du peuple !.. mais c'est un scélérat ! »

Ainsi, monsieur le comte, quand même vous m'auriez appelé *honorable* du bout des lèvres, je n'aurais toujours été à vos yeux qu'un honorable scélérat.

Et quand je dis que vous avez été franc, pas toujours !... Par exemple, il ne fallait pas tant répéter ce vilain mot de calomnie. Car si je n'ai pas calomnié, pourquoi le donniez-vous à entendre? Si j'ai calomnié, pourquoi vous excusiez-vous de le dire?

Il n'y a jamais de quoi s'excuser d'être courageux ou poli.

Mystification des mystifications! je pose 162, et vous posez 184 ; puis, vous dites que le chiffre 162, et c'est le mien, est le vrai ; et que le chiffre 184, et c'est le vôtre, est le faux. Ainsi, le faussaire, le menteur, l'imposteur, le calomniateur, d'après vous, ce serait vous. Pauvre homme! je vous voyais venir au-devant de mon épée, et je vous criais : « Vous vous enferrez ! honorable seigneur » ; et vous alliez toujours, et vous êtes tombé.. Maladroit!

Mais quels gens employez-vous donc ? Est-ce que votre valet de pied, après vous avoir passé l'habit, vous fait le chiffre?

La première fois que vous publierez un pamphlet de police contre moi, monsieur le comte, ayez la bonté de corriger vous-même les épreuves. C'est assez, voyez-vous, de cette bévue-là!

Vous en avez fait une autre qui n'était pas moins grosse, et que, malavisé que je suis moi-même, j'aurais dû à l'instant relever. Vous avez affirmé devant la Chambre, que le domaine privé contenait 36,000 arpents de bois de plus que je n'en trouvais. Trente-six mille arpents de plus ! Après cela, direz-vous encore que c'est moi qui calomnie ! Ah! monsieur le comte, quel est donc celui qui vous passe l'habit et vous fait le chiffre?

Je m'arrête : je ne suis pas sans pitié, et je ne voudrais pas faire monter trop de rougeur à votre front.

Revenons à ces charmantes petites lois de famille.

Huit jours durant, mes oreilles ont-elles assez tinté d'entendre votre tambour battre dans tous les coins de la Chambre le rappel de la loi d'apanage. L'avez-vous décidément retirée en fait? Oui, mais vous dites que vous ne l'avez pas retirée en principe. Eh! mon Dieu! monsieur le ministre, car c'est au ministre que je parle, retirez de même en fait toutes vos mauvaises lois, et nous vous laisserons volontiers la consolation de vos principes.

J'admire, monsieur l'intendant, car c'est à l'intendant que je parle, j'admire l'attendrissement et la profondeur de votre *compte-rendu;* si attendrissant que j'en ai la larme à l'œil, et si profond, si profond, que je m'y perds. Savez-vous, monsieur le comte, que c'est une belle chose de répéter par cœur à la tribune la leçon de sensibilité que vous avez apprise le matin aux Tuileries? Savez-vous que ce n'est pas une moins belle chose de calculer aussi bien que vous..... ou que celui qui vous passe l'habit et vous fait le chiffre?

Vous nous dites donc, pour nous appitoyer, que la couronne, moi qui la croyais créancière de beaucoup de gens, pour beaucoup d'argent, est endettée. Mais, qui prouve qu'elle est endettée et endettée de tout ce que vous la faites? La preuve! la preuve!

Qui a la foi, dites-vous, n'a pas besoin de preuves. C'est bon, monsieur le comte, pour qui a la foi; mais nous n'avons pas la foi, nous! on n'est pas maître de cela.

Comment, Charles X était généreux, donneur de son bien, semeur d'argent, il rendait la main et il n'avait pas de dettes! et vous, vous êtes sobre, discret, réservé, près regardant, épargneux, vous ne rendez guère la main, et vous auriez des dettes! oh! qu'il faut avoir d'esprit, tout votre esprit, pour nous bailler cela à croire!

Des dettes, se peut-il, avec un si prodigieux revenu!

Après sept ans de gestion, 18 millions de dettes! Mais comment? mais à quoi? mais pourquoi? mais pour qui? mais où donc? Ne vous seriez vous pas encore trompé cette fois-ci dans vos calculs, vous qui vous êtes déjà trompé tant de fois! et quel est donc, honorable seigneur, celui qui vous passe l'habit et vous fait le chiffre?

Des dettes! Mais ne voyez-vous pas que vous argueriez vous-même votre gestion d'impéritie? C'est de votre part, M. le comte, beaucoup trop de modestie ou beaucoup trop de dévouement.

Des dettes! Ah c'est peut-être parce que vous avez des dettes, qu'il a fallu que je vinsse à votre aide, à votre aide, moi! en achetant les exemplaires de votre *Liste Civile dévoilée*, que j'ai fait distribuer à mes électeurs. Comment? vous en seriez réduit, avec 25 millions, à faire de ces économies là!

Eh bien, soit: la liste civile, puisque vous le voulez absolument, a des dettes; elle est pauvre, misérable, hâve, déguenillée, mendiante; elle boîte du pied, elle traîne de l'aîle, elle tend la main à la charité de la nation; mais le domaine privé, est-il pauvre aussi, lui? doit-il payer les dots de ses filles, et a-t-il de quoi les payer? C'est-là, entre nous, toute la question.

De question politique, il n'y en a, d'ordinaire, qu'avant le mariage, et c'est de savoir s'il n'importerait pas à la France que tel mariage n'eût pas lieu. Mais quand le mariage est consommé, et que les enfants sont venus, la chambre dira-t-elle, au nom de la France, qu'elle ne veut plus que la fille épouse et que les enfants viennent? C'est donc se moquer du pays et des chambres, que de proposer la dot après les noces.

Autre question politique :

La reine des Belges, n'étant que fille encore, a reçu de son père, le 7 août 1830, le septième de la propriété du domaine privé, c'est-à-dire 15 millions de biens fonds environ. Après la mort de Louis-Philippe, l'usufruit se consolidera à la nue-propriété, et le roi des Belges aura un pied en France sur 15 millions de biens fonciers. Or, est-il convenable que notre bon argent de France, passe et repasse tous les ans, dans le trésor de la Belgique? Est-il convenable qu'un roi étranger soit possesseur d'une portion de notre sol? c'est à quoi les députés de la France, dans leur enthousiasme pour les princesses, n'ont pas du tout avisé. Et comme si la reine des Belges n'avait pas assez de ses 15 millions de foncier, on lui a octroyé au nom des contribuables, un autre million, argent comptant et compté. Pauvre reine!

Restait la question financière :

En droit, le domaine privé a été constitué par l'art. 21 de la loi du 2 mars 1832, uniquement constitué pour doter et établir les princes et princesses. Or, vous avez pu acheter pour augmenter le domaine privé ; vous n'avez pu vendre pour le diminuer, ni emprunter à son dam, ni employer, à autre fin que dots et dotations, ses revenus et capitaux.

Voilà la loi, voilà le droit.

En fait, l'énorme richesse du domaine privé peut s'établir, se contrôler et se prouver de quatre manières.

1° Si je prends pour base le chiffre du revenu avoué par le ministère, et si j'y ajoute les acquisitions et les impenses, je trouve un capital de 74 *millions*, au plus bas calcul, et c'est le mien.

2° Si je prends pour base l'enregistrement de la donation du 7 août, les acquisitions et impenses, je trouve un capital de 77 *millions* et c'est le chiffre de M. Charamaule.

3° Si je prends pour base le prix vénal, fonds et superficie de 41 mille hectares seulement de forêts du domaine privé, des actions des canaux, des acquisitions et des impenses, je trouve un capital de 111 *millions*.

4° Enfin, si je prends pour base le prix vénal, fonds et superficie, des 59 mille hectares de forêts du domaine privé (chiffre de M. de Montalivet), des revenus des canaux (chiffre de la donation), des impenses du Palais-Royal (chiffre de *la Liste civile dévoilée*), et des acquisitions d'excédant (chiffre du *Moniteur*), je trouve un capital de CENT TRENTE MILLIONS.

Et faites attention que, dans ces quatre

manières de dresser le compte du domaine privé, il n'est pas question une seule fois des valeurs du porte-feuille. Comment, vous n'avez pas de porte-feuille? ah, vous n'avez pas de portefeuille! tiens! tiens! Comment, vous n'avez pas de porte-feuille? pas de porte-feuille? Vraiment, là, vous n'avez pas de porte-feuille! voilà qui est singulier, super-surprenant, incompréhensible! pas de porte-feuille! pas de porte-feuille!

Va donc que vous n'avez pas de porte-feuille! mais des capitaux, de bons et magnifiques capitaux, en avez-vous, en avez-vous assez? Va aussi que vous êtes battu, bien battu, ce qui ne vous empêche pas d'être content.

Si vous ne l'étiez pas content, monsieur le comte, vous seriez bien difficile, car je ne me suis servi, pour argumenter contre vous, que de vos propres arguments; je n'ai tiré mes conclusions qu'avec vos prémisses; je n'ai chiffré votre compte qu'avec vos chiffres; je n'ai prouvé vos erreurs qu'avec vos preuves; je n'ai calomnié votre liste qu'avec vos calomnies!

Résumons :

Ai-je eu tort de dire que vous avez trouvé toutes sortes de solutions heureuses pour vos questions d'argent : question de la pension de la duchesse, que la république payait à l'étranger; question d'attribution des dettes paternelles sur l'actif de votre indemnité, qu'on a décidée négativement au profit de cet actif; question du trop perçu des 9 millions que la liste civile a encaissés avec la permission de la Chambre ; question de l'échange des maisons du Palais-Royal contre la forêt de Bruadan, qu'on a validée au préjudice de l'état ; question sur le droit d'enregistrement de la donation qu'on a diminué ; question sur la dotation du duc d'Orléans qu'on a augmentée.

Ai-je eu tort de dire que lorsqu'on avait, comme vous le prétendez, 2 millions 600 mille francs de revenu seulement et 16 cent mille francs de charges, on devait vendre et se liquider, et que le premier notaire du coin vous apprendrait cela ?

Ai-je eu tort de dire que la famille d'Orléans était la famille la plus riche, sans aucune comparaison, de toutes les familles de l'Europe, puisqu'elle jouit, selon vous, de plus de 23 millions, y compris la succession de Condé, et selon des gens encore mieux informés que vous, de plus de 26 millions de revenu, à preuve ?

Ai-je eu tort de dire que, sans compter les encaisses de porte-feuille, les terres, maisons, actions de canaux, rentes et boutiques, la valeur vénale des forêts que cette heureuse famille possède en propriété ou en usufruit, monterait à l'énorme capital de 470 millions ?

Ai-je eu tort de dire que l'immensité de ces forêts couvrirait 200 lieues carrées ?

Ai-je eu tort de dire que le chef des Etats-Unis ne recevait par année que 125 mille fr. de traitement, que les Etats-Unis n'avaient pas un sou de dettes, et qu'au lieu d'emprunter, les Etats-Unis prêtaient ?

Ai-je eu tort de dire qu'il ne fallait pas,

pour enrichir la richesse, pressurer la misère; que la France de juillet se lassait de donner à tant de gens qui n'en avaient pas besoin, tant de millions par ci et tant de millions par là; que la France de juillet voulait, par-dessus tout, un gouvernement à bon marché; que la France de juillet ne l'avait pas, et que la France de juillet ne l'aurait pas, tant que tous les contribuables ne seraient point admis à nommer leurs représentants, pour que ces représentants s'en viennent, à leur tour, expliquer à quoi et comment les contribuables entendent et veulent qu'on emploie l'argent de leurs sueurs?

Ai-je eu tort de dire que j'ai été dans mes évaluations *haineuses* et *calomniatrices*, au-dessous de la vérité, au-dessous de vos propres chiffres?

Ai-je eu tort de dire, ou que vous ne prouviez rien, ou que vous prouviez contre vous?

La question entre votre Seigneurie et moi reste la même, et, pour vous ménager le plaisir de la surprise, monsieur le comte, je ne vous dirai pas encore aujourd'hui mon dernier chiffre et mon dernier mot.

Je vous ai seulement défié, parlant à votre personne, de prouver l'impuissance du domaine privé, et je vous en défie encore; vous ne l'oserez pas, vous ne le pouvez pas. S'il y a imposture de chiffres, elle vient de vous; incivilité et provocation, de vous; insuffisance non d'argent mais de preuves, de vous; oppression de l'égalité de la presse et de l'indépendance de la parole, de vous;

défaite à la tribune et devant le public, de vous.

Je n'ai plus, en finissant, monsieur le comte, qu'à vous donner trois petits avis, et je suis sûr que vous vous trouverez bien de les suivre.

Si vous êtes pair de France, c'est-à-dire une sotre de législateur choisi par des ministres, souvenez-vous en parlant à un député, c'est-à-dire à un législateur choisi par des électeurs, que vous n'avez pas l'honneur d'être député, et qu'on doit toujours s'exprimer poliment dans l'une et l'autre Chambre, et surtout dans celle dont on n'est pas membre.

Si vous êtes ministre, faites vous-même ou faites faire vos chiffres plus dextrement. Ne prenez pas par exemple 184 pour 162, ni 59 pour 41, et ne prétendez pas que vous ouvrez les fenêtres de la maison, lorsque vous en fermez les volets.

Enfin, si vous êtes intendant du domaine privé, faites-vous définitivement remplacer, comme intendant, d'abord, parce que vous êtes ministre ; et ensuite, parce que vous ne paraissez pas très-fort, d'après ce que vous avez la bonté de nous laisser voir, en administration ni en comptabilité ; et avant cela, avant tout, allez dire à votre domaine privé, que quand on a fille à doter et 74 millions de fortune, on peut bien en donner un.

Imprimerie de Madame PORTHMANN,
rue du Hasard-Richelieu, 8.

accompagné de planches et figures gravées avec soin.

Chaque volume se vendra séparément de 1 fr. 50 c. à 2 fr. 50.

LE TRIPLE LIÉGEOIS, ou *le nouveau Mathieu Laensberg*, almanach populaire pour l'an 1837. In-24 oblong de 240 pages, même format que le vieux Mathieu Laensberg, fournissant 300,000 lettres.

Prix : 6 SOUS. — 20 fr. le cent, 185 fr. le mille.

DIALOGUES DE MAITRE PIERRE, seconde édition ; 2 vol. in-18, grand-raisin. 75 c.

Cet ouvrage populaire est dû à la plume de M. CORMENIN. — Les Dialogues politiques et les Dialogues utilitaires se vendent séparément.

LA POLOGNE. Précis historique, politique et militaire de sa révolution, précédé d'une esquisse de l'histoire de Pologne, depuis sa fondation jusqu'à 1830 ; par ROMAN SOLTYK, membre de la diète, général de brigade d'artillerie. 2 vol. in-8, accompagnés de 4 cartes et de 4 portraits.

Cet ouvrage est jusqu'à ce jour le plus complet qui ait été publié en France sur la révolution de Pologne.

RÉVOLUTION DE 1830 et *situation présente* expliquées et éclairées par les révolutions de 1789, 1792, 1799 et 1804, et par la restauration ; par CABET, député de la Côte-d'Or; 2 vol. in-12, avec couvertures imprimées. — Les deux volumes : 1 fr. 25 c.

La même édition, un beau volume in-8, papier fin : 3 fr.

Trois éditions successives, tirées ensemble à plus de 20,000 exemplaires, constatent l'immense succès obtenu par cet ouvrage. Nous venons de réduire le prix de 1 fr. 75 à 1 fr. 25.

CHANSONS POLITIQUES, par A. ALTAROCHE, seconde édition; 1 joli vol. in-18, papier vélin satiné. 1 fr. 50 c.

Ce volume, qui a obtenu de nombreux éloges dans la presse patriote, est rapidement parvenu à sa seconde édition.

CHANSONS POPULAIRES des révolutions de 1789, 1792 et 1830, 1 vol. in-18, 2e édition. 30 c.

COMPTES RENDUS DES SESSIONS LÉGISLATIVES, publiés par la société *Aide-toi, le Ciel t'aidera*. Sessions de 1830, 1832, 1833 et 1834. -- 4 vol. in-8. 10 fr.

Chaque vol. se vend séparément. 2 fr. 50 c.

PROCÈS DES ACCUSÉS D'AVRIL devant la Cour des Pairs. — **PROCÈS DU RÉFORMATEUR** devant la Chambre des Députés. — **PROCÈS DES DÉFENSEURS DES ACCUSÉS D'AVRIL** devant la Chambre des Pairs, 5 beaux vol. in-8°. 13 fr.

On trouve chez le même éditeur une collection des procès politiques depuis 1830.

IMPRIMERIE DE MADAME PORTHMANN,
rue du Hasard-Richelieu, 8.

www.ingramcontent.com/pod-product-compliance
Ingram Content Group UK Ltd.
Pitfield, Milton Keynes, MK11 3LW, UK
UKHW031841260826
14628UKWH00002B/517

9 782012 984035